Jo-Jo Sprachbuch

1/2

Richtig schreiben

Differenzierungs- und Fördermaterial mit Lösungen

Erarbeitet von
Klaus Ohnacker

Illustriert von
Anke am Berg

Cornelsen

Das bedeuten die Zeichen:

- sprechen, lesen
- schreiben
- verbinden
- sprechen und schwingen
- Silbenbögen zeichnen
- farbig markieren, ausmalen
- Partnerarbeit
- Differenzierungsaufgabe

Name: Datum:

Eine oder zwei Silben?

1 Sprich und ordne.

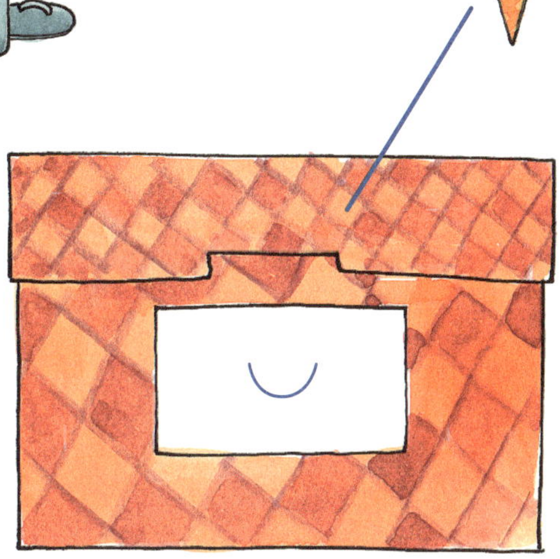

Eine oder zwei Silben?

1 Sprich und ordne.

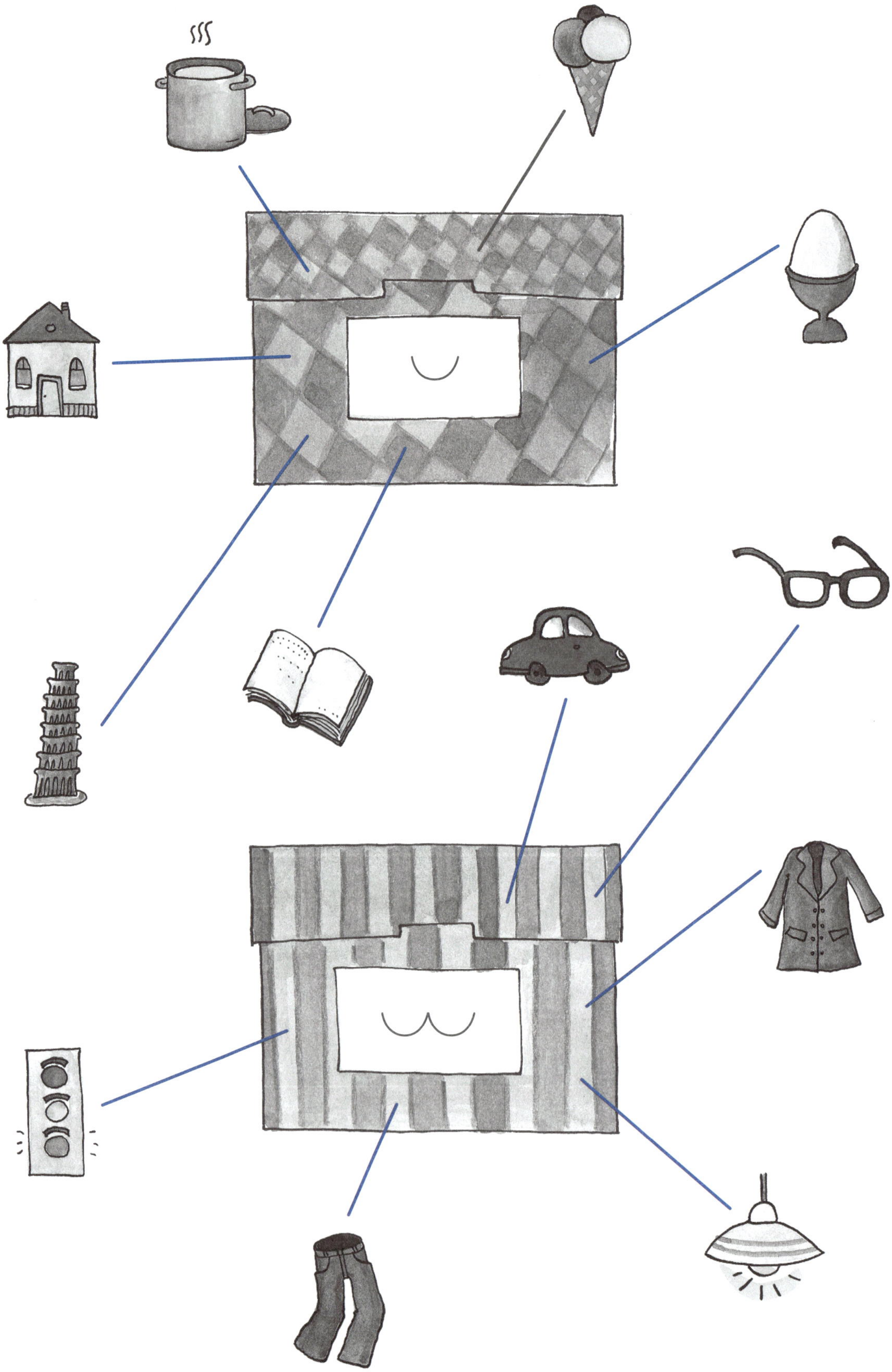

Name: Datum:

Zwei oder drei Silben?

1 Sprich und ordne.

Zwei oder drei Silben?

1 Sprich und ordne.

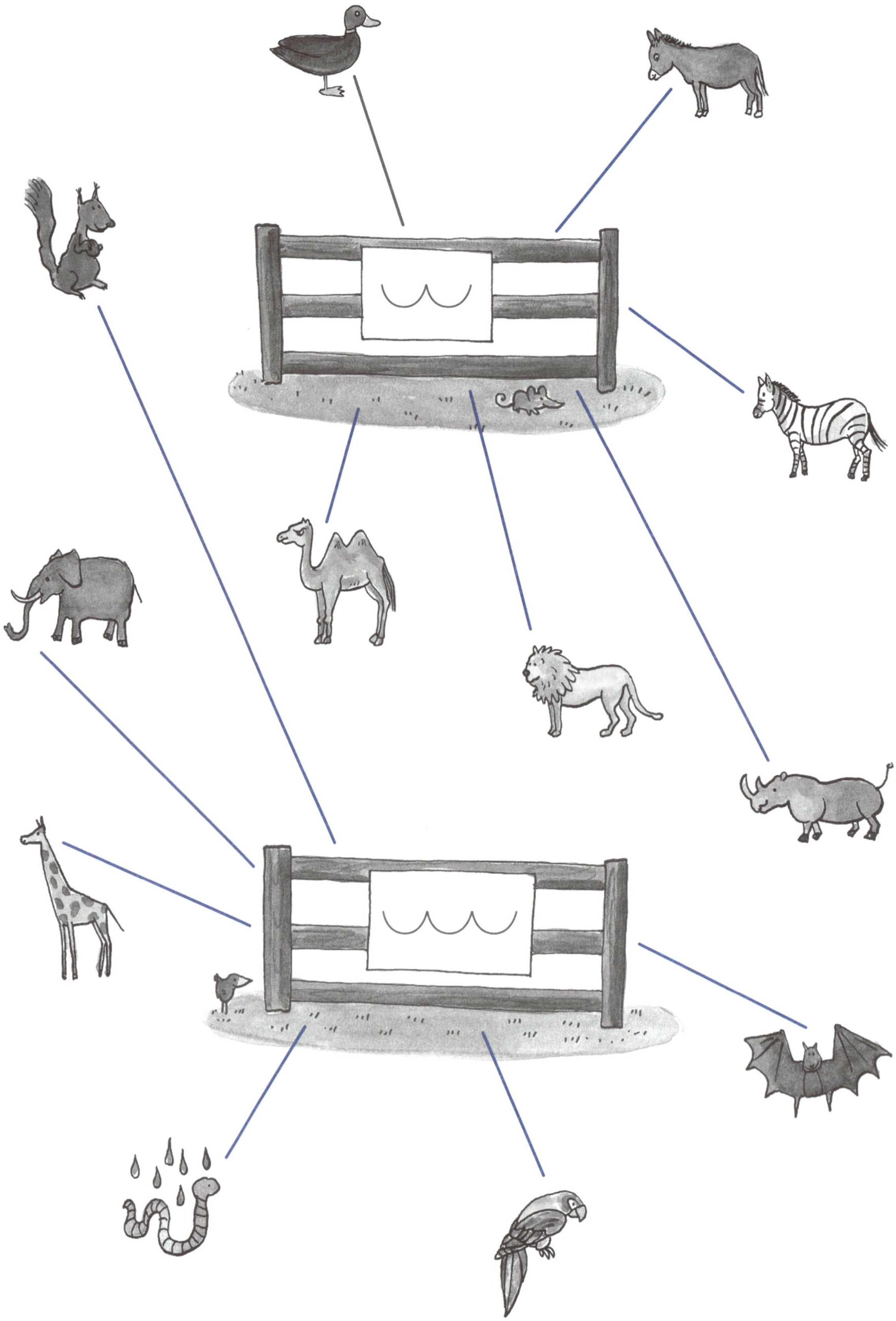

Name: Datum:

Silben schwingen (I)

1 Sprich die Wörter laut und schwinge sie mit der Hand.

2 Zeichne die Silbenbögen.

O ma

O pa

Pa pa

Ma ma

En te

Ha se

E sel

La ma

An ton

Le on

Man tel

Fe der

Silben schwingen (I)

1 Sprich die Wörter laut und schwinge sie mit der Hand.

2 Zeichne die Silbenbögen.

O ma

O pa

Pa pa

Ma ma

En te

Ha se

E sel

La ma

An ton

Le on

Man tel

Fe der

Name: Datum:

Silben schwingen (II)

1 Sprich die Wörter laut und schwinge sie mit der Hand.
Deine Partnerin/Dein Partner kontrolliert, ob du richtig schwingst.

Silben schwingen (II)

1 Sprich die Wörter laut und schwinge sie mit der Hand.
Deine Partnerin/Dein Partner kontrolliert, ob du richtig schwingst.

Brot

Milch

Ei

Eis

Ap fel

Bir ne

Sa lat

Ku chen

Pflau me

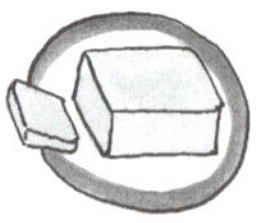
But ter

Bröt chen

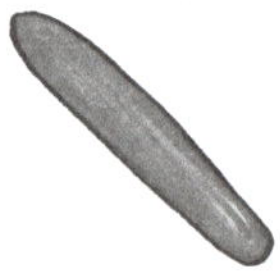
Gur ke

A na nas

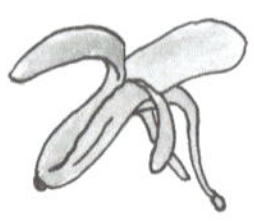
Ba na ne

Wein trau ben

To ma te

Name: Datum:

Silben laufen

1 Sprich die Wörter und gehe zu jeder Silbe einen Schritt.
Deine Partnerin/Dein Partner kontrolliert, ob du richtig gehst.

die Gur ke

der Sa lat

die Ba na ne

die A na nas

die To ma te

das Ap fel mus

der Ap fel

das But ter brot

die Mar me la de

die Pam pel mu se

die Me lo ne

der Ba na nen saft

das Ra dies chen

die Wein trau ben

die Scho ko la de

die Le ber wurst

Silben laufen

1 Sprich die Wörter und gehe zu jeder Silbe einen Schritt.
Deine Partnerin/Dein Partner kontrolliert, ob du richtig gehst.

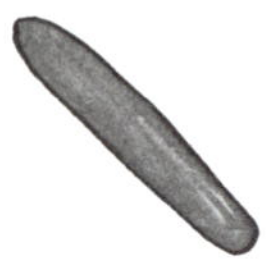

die
Gur ke

der
Sa lat

die
Ba na ne

die
A na nas

die
To ma te

das
Ap fel mus

der
Ap fel

das
But ter brot

die
Mar me la de

die
Pam pel mu se

die
Me lo ne

der
Ba na nen saft

das
Ra dies chen

die
Wein trau ben

die
Scho ko la de

die
Le ber wurst

Name: Datum:

Lauttreue Wörter (I)

1 Sprich und schwinge.

En te

E sel

La ma

Ha se

2 Zeichne die Silbenbögen.

En te E sel La ma Ha se

Na se E le fant Nas horn

Me lo ne Da me Ra ke te

Win ter Re gen Ge mü se

Lauttreue Wörter (I)

1 Sprich und schwinge.

En te | E sel | La ma | Ha se

2 Zeichne die Silbenbögen.

En te | E sel | La ma | Ha se

Na se | E le fant | Nas horn

Me lo ne | Da me | Ra ke te

Win ter | Re gen | Ge mü se

Name: Datum:

Lauttreue Wörter (II)

1

E le fant	Pa pa gei	Re gen wurm
To ma te	Ta pe te	Ba na ne
Al ba tros	Eich hörn chen	Fle der maus

2

Ja nu ar	Fe bru ar	Sep tem ber
Ok to ber	De zem ber	

Lauttreue Wörter (II)

1

 E le fant

 Pa pa gei

 Re gen wurm

To ma te

Ta pe te

Ba na ne

Al ba tros

Eich hörn chen

Fle der maus

2

Ja nu ar

Fe bru ar

Sep tem ber

Ok to ber

De zem ber

Name: Datum:

Silben verbinden (I)

1

	si			re			se
Na	se		Do	be		En	te
	so			se			pe

Nase

	se			sol			dal
Ro	me		In	sel		Na	dol
	pe			sul			del

2

	ma			te			sel
Da	mo		Per	le		Pin	sol
	me			se			sal

Silben verbinden (I)

1

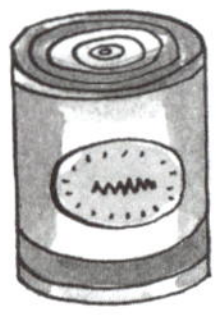

	si			re			se
Na	se		Do	be		En	te
	so			se			pe

Nase — Dose — Ente

	se			sol			dal
Ro	me		In	sel		Na	dol
	pe			sul			del

Rose — Insel — Nadel

2

	ma			te			sel
Da	mo		Per	le		Pin	sol
	me			se			sal

Dame — Perle — Pinsel

Name: Datum:

Silben am Wortanfang

1

| Ka |
| Pa | mel
| Ko |

| O |
| E |
| A |

| Ra |
| La |
| Li |

| Om |
| Um |
| Am |

| Me |
| Fo |
| Fe |

| So |
| Sa |
| Su |

| Pol |
| Pal |
| Dal |

| Man |
| Mon |
| Min |

Silben am Wortanfang

1

Ka · Pa · Ko — mel

O · E · A — sel

Ra · La · Li — ma

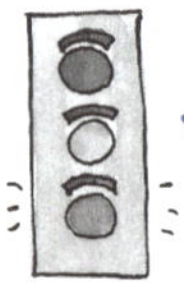

Om · Um · Am — pel

Me · Fo · Fe — der

So · Sa · Su — lat

Pol · Pal · Dal — me

Man · Mon · Min — tel

Name: Datum:

Silben am Wortende

1

Zeb — ra

ro
ra
pa

we
wo
re

sa
le
se

so
se
sa

fon
fen
men

pa
pe
ma

mor
mer
ber

ko
le
ke

Silben am Wortende

1

Zeb — ro / ra / pa

Lö — we / wo / re

Ha — sa / le / se

Ho — so / se / sa

O — fon / fen / men

O — pa / pe / ma

Ei — mor / mer / ber

Wol — ko / le / ke

Name: Datum:

Silben verbinden (II)

1

En	to	
	te	
E		fant
	le	
E	sel	

Ente

Blu	me	
	na	ne
Ba		
	no	ni
Bir	ne	

Ta	sche	
Ta	ful	ho
To	fel	he
Turn	schu	

Silben verbinden (II)

1

En	to	
	te	
E	le	fant
E	sel	

Ente

Elefant

Esel

Blu	me	
Ba	na	ne
	no	ni
Bir	ne	

Blume

Banane

Birne

Ta	sche	
Ta	ful	ho
To	fel	he
Turn	schu	

Tasche

Tafel

Turnschuhe

Name: Datum:

Selbstlaute und Mitlaute

a, **e**, **i**, **o**, **u** sind Laute, die von selbst klingen.
Darum heißen sie **Selbstlaute**.
Alle anderen Laute nennt man **Mitlaute**.

1 Male die **Selbstlaute** rot an.

2 Setze die fehlenden Buchstaben ein.

3 Setze die fehlenden Buchstaben ein.

4 Schreibe das ganze ABC auf.

5 Male in den Wörtern die **Selbstlaute** rot an.

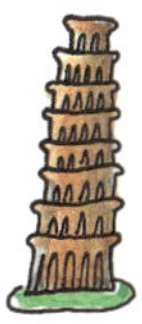
Turm

Topf

Buch

Bach

Selbstlaute und Mitlaute

a, **e**, **i**, **o**, **u** sind Laute, die von selbst klingen.
Darum heißen sie **Selbstlaute**.
Alle anderen Laute nennt man **Mitlaute**.

1 Male die **Selbstlaute** rot an.

2 Setze die fehlenden Buchstaben ein.

3 Setze die fehlenden Buchstaben ein.

4 Schreibe das ganze ABC auf.

A B C D E F G H I J K L M
N O P Q R S T U V W X Y Z

5 Male in den Wörtern die **Selbstlaute** rot an.

Turm

Topf

Buch

Bach

Name: Datum:

Selbstlaute hören

1

Hose

Hase

Bach

Buch

Stirn

Stern

Lim

Lam — pe

Lum

Fens

Fins — ter

Fons

die

das

Lu

La — pe

Lo

Po

Pu — pier

Pa

die

das

Buch

Bach — sta — be

Bich

Lu

Li — se — buch

Le

der

das

Selbstlaute hören

1

Hose
Hase

Bach
Buch

Stirn
Stern

Lim
Lam — pe
Lum

die Lampe

Fens — ter
Fins
Fons

das Fenster

Lu — pe
La
Lo

die Lupe

Po
Pu
Pa — pier

das Papier

Buch — sta — be
Bach
Bich

der Buchstabe

Lu
Li
Le — se — buch

das Lesebuch

Name: Datum:

Silbenkönige: Selbstlaute

In jeder Silbe steckt genau ein **Selbstlaut**. Wir nennen die Selbstlaute deshalb **Silbenkönige**.

1 Male in den Wörtern die **Silbenkönige** rot an.

Nase

Hut

Brot

Blume

2 Welche Silbenkönige fehlen hier?

a e i o u

T__ - ma - te

G__r - ke

S__ - lat

Ba - n__ - n__

Holz - k__s - te

M__ - lo - ne

Silbenkönige: Selbstlaute

In jeder Silbe steckt
genau ein **Selbstlaut**.
Wir nennen die Selbstlaute
deshalb **Silbenkönige**.

1 Male in den Wörtern die **Silbenkönige** rot an.

Nase

Hut

Brot

Blume

2 Welche Silbenkönige fehlen hier?

a e i o u

T o - ma - te

G u r - ke

S a - lat

Ba - n a - n e

Holz - k i s - te

M e - lo - ne

Name: Datum:

Silbenkönige finden (I)

1 Wo ist das **a**?

das Ka mel — der Ha se — das Nas horn

das Kamel

sa gen — na gen — ar bei ten

2

fra	fen
ra	gen
ma	ten
schla	len

ja	sen	
ra	gen	ten
la	hal	
be	chen	

Silbenkönige finden (I)

1 Wo ist das **a**?

das	Ka	mel	der	Ha	se	das	Nas horn

das Kamel — der Hase — das Nashorn

sa	gen	na	gen	ar	bei	ten

sagen — nagen — arbeiten

2

fra	fen
ra	gen
ma	ten
schla	len

ja	sen	
ra	gen	ten
la	hal	
be	chen	

Name: Datum:

Silbenkönige finden (II)

1 Wo sind die Silbenkönige (**a**, **e**, **i**, **o**, **u**)?

Das Tuch ist rot.

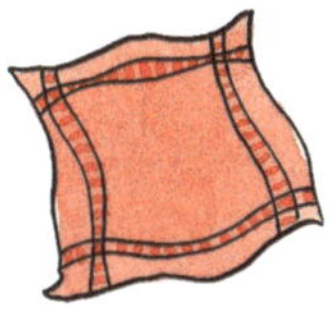

Das Tuch .

Der Hut hat acht Federn.

.

Der Regenschirm ist alt.

.

Der Schal ist bunt.

.

Silbenkönige finden (II)

1 Wo sind die Silbenkönige (**a**, **e**, **i**, **o**, **u**)?

Das Tuch ist rot.

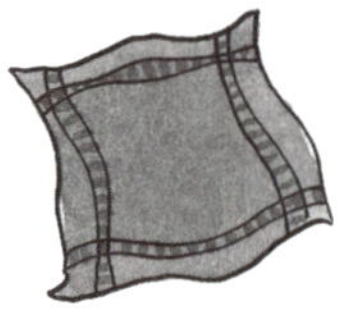

Das Tuch ist rot.

Der Hut hat acht Federn.

Der Hut hat acht Federn.

Der Regenschirm ist alt.

Der Regenschirm ist alt.

Der Schal ist bunt.

Der Schal ist bunt.

Silbenkönige: Umlaute und Zwielaute

In einer Silbe kann auch
ein **Umlaut** (ä, ö, ü, äu) oder
ein **Zwielaut** (au, eu, ei) stecken.

1 Welche **Umlaute** fehlen hier?

ä ö ü äu

K ___ – se

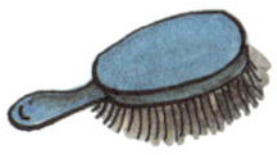

B ___ rs – te

T ___ r

Ver – k ___ – fer

L ___ – we

2 Welche **Zwielaute** fehlen hier?

au eu ei

S ___ – fe

Fr ___ n – din

Pfl ___ – me

H ___ s

W ___ n – tr ___ – ben

Silbenkönige: Umlaute und Zwielaute

In einer Silbe kann auch
ein **Umlaut** (ä, ö, ü, äu) oder
ein **Zwielaut** (au, eu, ei) stecken.

1 Welche **Umlaute** fehlen hier?

ä ö ü äu

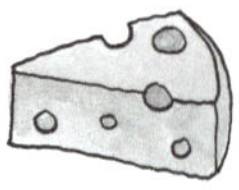
Kä-se

Bürs-te

Tür

Ver-käu-fer

Lö-we

2 Welche **Zwielaute** fehlen hier?

au eu ei

Sei-fe

Freun-din

Pflau-me

Haus

Wein-trau-ben

Name: Datum:

Umlaute

1 Male ä in den Wörtern rot an.

Jan ärgert ein Mädchen.
Sara löst das Rätsel.
Der Ärmel ist zu lang.
Mario ist älter als Jan.

2

Är	ter	
Mäd	gern	
äl	mel	Ärmel
Rät	chen	
är	sel	

3

~~Bär~~ blühen früh Zähne schön Räder

◡	◡◡
Bär	

Umlaute

1 Male ä in den Wörtern rot an.

Jan ärgert ein Mädchen.
Sara löst das Rätsel.
Der Ärmel ist zu lang.
Mario ist älter als Jan.

2

Är	ter	älter
Mäd	gern	ärgern
äl	mel	Ärmel
Rät	chen	Mädchen
är	sel	Rätsel

3 ~~Bär~~ ~~blühen~~ ~~früh~~ ~~Zähne~~ ~~schön~~ ~~Räder~~

◡	◡◡
Bär	blühen
früh	Zähne
schön	Räder

Name: Datum:

Zwielaute

1 Male **ei** in den Wörtern rot an.

Maja reitet schon lange.

Sie holt zwei Eimer.

In beiden Eimern ist Futter.

Da kommen die anderen Reiter.

2

ei	mer	
Ei	nen	einen
schnei	ten	
rei	fen	
pfei	den	

3

~~Seil~~ blau neu Feuer Auto leise

	◡	◡◡
au		
ei	Seil	
eu		

Zwielaute

1 Male **ei** in den Wörtern rot an.

Maja reitet schon lange.
Sie holt zwei Eimer.
In beiden Eimern ist Futter.
Da kommen die anderen Reiter.

2

ei	mer	Eimer
Ei	nen	einen
schnei	ten	reiten
rei	fen	pfeifen
pfei	den	schneiden

3 ~~Seil~~ ~~blau~~ ~~neu~~ ~~Feuer~~ ~~Auto~~ ~~leise~~

	◡	◡◡
au	blau	Auto
ei	Seil	leise
eu	neu	Feuer

Offene und geschlossene Silben (I)

1 Schreibe immer zwei Wörter.

O — ma, fen, ku

die Oma

der

Re — gen, len, gal

der

das

E, En — sel, me, pel, te

der

die

La, Lam — ma, mos, kum, pe

das

die

Offene und geschlossene Silben (I)

1 Schreibe immer zwei Wörter.

O	ma
	fen
	ku

die Oma

der Ofen

	gen
Re	len
	gal

der Regen

das Regal

	sel
E	me
En	pel
	te

der Esel

die Ente

	ma
La	mos
Lam	kum
	pe

das Lama

die Lampe

Name: Datum:

Offene und geschlossene Silben (II)

1 Wo endet die erste Silbe? Zeichne es ein.
Male dann **in der ersten Silbe** den Selbstlaut rot an.

Hu|pe	Kuchen	rufen	suchen
hus|ten	Gurke	turnen	umsonst
sicher	Silbe	Hose	horchen
lachen	wundern	Arbeit	toben

Offene Silben enden mit einem **Selbstlaut**,
z. B. Hu, Ku, ru.
Geschlossene Silben enden mit einem **Mitlaut**,
z. B. hus, Gur, tur.

2 Ordne die gelb unterlegten Wörter in die Tabelle ein.

Erste Silbe **offen**	Erste Silbe **geschlossen**

Offene und geschlossene Silben (II)

1 Wo endet die erste Silbe? Zeichne es ein.
Male dann **in der ersten Silbe** den Selbstlaut rot an.

Hu|pe	Ku|chen	ru|fen	su|chen
hus|ten	Gur|ke	tur|nen	um|sonst
si|cher	Sil|be	Ho|se	hor|chen
la|chen	wun|dern	Ar|beit	to|ben

Offene Silben enden mit einem **Selbstlaut**,
z. B. Hu, Ku, ru.
Geschlossene Silben enden mit einem **Mitlaut**,
z. B. hus, Gur, tur.

2 Ordne die gelb unterlegten Wörter in die Tabelle ein.

Erste Silbe **offen**	Erste Silbe **geschlossen**
lachen	wundern
toben	Arbeit

Name: Datum:

Endsilben mit kurzem e (I)

1

Die ______ ist schön.

Die ______ ist groß.

Im Wasser schwimmt eine ______.

Insel

Palme

Flasche

Heute kommt der ______.

Er schaltet die ______ ein.

Das Fenster streicht er mit einem ______.

Maler

Lampe

Pinsel

2 Bilde aus den Silben Wörter.

Löf – Kof – fel – fer

______ ______

Tel – Bril – le – ler

______ ______

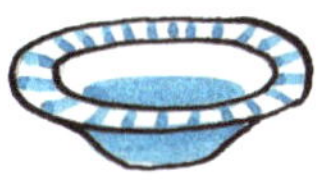

Endsilben mit kurzem e (I)

1

Die Insel ist schön.

Die Palme ist groß.

Im Wasser schwimmt eine Flasche.

Insel
Palme
Flasche

Heute kommt der Maler.

Er schaltet die Lampe ein.

Das Fenster streicht er mit einem Pinsel.

Maler
Lampe
Pinsel

2 Bilde aus den Silben Wörter.

~~Löf~~ – ~~Kof~~ – – ~~fel~~ – ~~fer~~

Löffel   Koffer

~~Tel~~ – ~~Bril~~ – – ~~le~~ – ~~ler~~

Teller   Brille

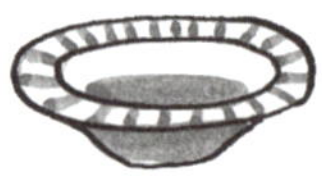

Name: Datum:

Endsilben mit kurzem e (II)

1

– ten	– ~~nen~~	– nen	– len

Lara und Tom rennen .

Maik will das Gedicht auswendig ler .

Meltem möchte ein Bild ma .

Sara muss war .

2

– len	– ~~ten~~	– sen	– ken	– ben	– gen

raten	schrei
le	trin
ho	fra

Endsilben mit kurzem e (II)

1

-~~ten~~ -~~nen~~ -~~nen~~ -~~len~~

Lara und Tom rennen.

Maik will das Gedicht auswendig lernen.

Meltem möchte ein Bild malen.

Sara muss warten.

2

-~~len~~ -~~ten~~ -~~sen~~ | -~~ken~~ -~~ben~~ -~~gen~~

raten	schreiben
lesen	trinken
holen	fragen

Reimen

Ich hab mir letzte Nacht
einen Obstsalat gemacht.
Aus Birnen, Mandarinen
und aus zwei Apfelsinen.

1 Ordne die Reimwörter zu.

Kel ler | Ga bel | Ap fel si ne | Fla sche

Tel ler

Ta sche

Schna bel

Man da ri ne

2

Do se

R

Va se

Wan ne

Reimen

Ich hab mir letzte Nacht
einen Obstsalat gemacht.
Aus Birnen, Mandarinen
und aus zwei Apfelsinen.

1 Ordne die Reimwörter zu.

Kel ler | Ga bel | Ap fel si ne | Fla sche

Tel ler
Keller

Ta sche
Flasche

Schna bel
Gabel

Man da ri ne
Apfelsine

2

Do se

Rose

Hose

Va se

Nase

Hase

Wan ne

Tanne

Kanne

Name: Datum:

Wörter aus Silben bauen (I)

1 Bilde Wörter.

brau	gen	
hel	nen	
fra	chen	brau
rech	fen	

2 Maja und Leon rech ______ eine schwierige Aufgabe.

Sie ______ Hilfe und ______ Emine.

Emine kann ihnen beim Lösen der Aufgabe ______ .

3 ho – ~~kau~~ – tra – – fen – gen – len

Mama möchte Obst kau ______ .

Simon soll die Tasche ______ .

Das Brot ______ sie beim Bäcker.

Wörter aus Silben bauen (I)

1 Bilde Wörter.

brau	gen	fragen
hel	nen	rechnen
fra	chen	brauchen
rech	fen	helfen

2 Maja und Leon rechnen eine schwierige Aufgabe.

Sie brauchen Hilfe und fragen Emine.

Emine kann ihnen beim Lösen der Aufgabe helfen.

3 ~~ho~~ – ~~kau~~ – ~~tra~~ – – ~~fen~~ – ~~gen~~ – ~~len~~

Mama möchte Obst kaufen.

Simon soll die Tasche tragen.

Das Brot holen sie beim Bäcker.

Name: Datum:

Wörter aus Silben bauen (II)

1

~~To~~ – Me – Ba – – lo – – ma – – na – – ne – ten – ne

Simon schneidet für den Salat die To ______________.

Die ______________ und die ______________

sind für den Obstsalat.

2

~~ar~~ –	– räu –	– men
fern –	– bei –	– hen
auf –	– se –	– ten

Mama muss noch ar ______________.

Papa will ______________.

Marie darf ______________.

3

~~Scho~~ – To – – ma – – ko – – ten – – sa – – la – – lat – de

Scho ______________ ______________

Wörter aus Silben bauen (II)

1

To – Me – Ba – lo – ma – na – ne – ten – ne

Simon schneidet für den Salat die Tomaten.

Die Melone und die Banane

sind für den Obstsalat.

2

ar – rau – men
fern – bei – hen
auf – se – ten

Mama muss noch arbeiten.

Papa will aufräumen.

Marie darf fernsehen.

3

Scho – To – ma – ko – ten – sa – la – lat – de

Schokolade Tomatensalat

Name: Datum:

Nomen mit B, D oder G

1 Lies den Text.
Male alle B blau, alle D grün und alle G gelb an.

Draußen vor dem Fenster tobt ein Gewitter.
Timo liegt im Bett und träumt:
Drei Gespenster kommen zu Besuch.
Ein Gespenst spielt Geige.
Die beiden anderen Geister
tanzen in der Dunkelheit dazu.
Endlich wacht Timo auf.
Er tastet auf dem Boden nach seiner Brille.
Seine gruseligen Gäste sind zum Glück weg.
Timo kuschelt sich in seine Decke
und schläft wieder ein.

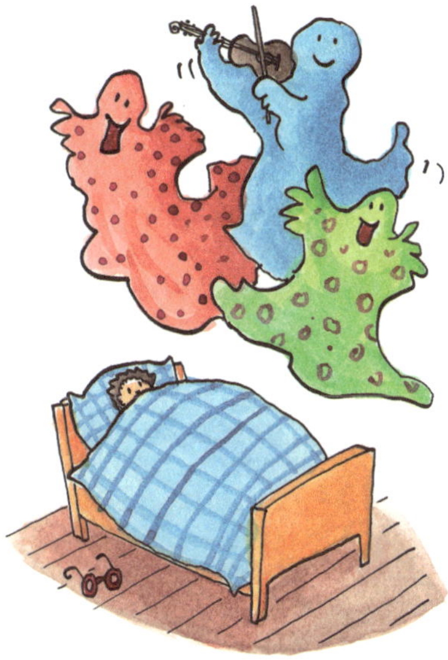

2

B arten
D oden
G rache

Boden, D

D espenst
G erg
B ose

D aum
B eschenk
G urst

Nomen mit B, D oder G

1 Lies den Text.
Male alle B blau, alle D grün und alle G gelb an.

Draußen vor dem Fenster tobt ein Gewitter.
Timo liegt im Bett und träumt:
Drei Gespenster kommen zu Besuch.
Ein Gespenst spielt Geige.
Die beiden anderen Geister
tanzen in der Dunkelheit dazu.
Endlich wacht Timo auf.
Er tastet auf dem Boden nach seiner Brille.
Seine gruseligen Gäste sind zum Glück weg.
Timo kuschelt sich in seine Decke
und schläft wieder ein.

2

B	arten
D	oden
G	rache

Boden, Drache, Garten

D	espenst
G	erg
B	ose

Dose, Gespenst, Berg

D	aum
B	eschenk
G	urst

Durst, Baum, Geschenk

Name: Datum:

Wörter mit ch oder sch

1 Lies den Text.
Male alle **ch** blau und alle **sch** grün an.

David schaut in den Spiegel.
Er sieht sein Gesicht.
David findet sich schön.
„Ich habe schon tolle Haare“, sagt er.

2 Ordne die Wörter in die Tabelle ein.

wa schen | rie chen | su chen | Wo che | Ta sche | Fla sche

ch	sch

3 suchen, mischen oder lachen?

Leon und Marie ________ ihre Badesachen.

horchen, kochen oder duschen?

Im Schwimmbad ________ sie zuerst.

Wörter mit ch oder sch

1 Lies den Text.
Male alle ch blau und alle sch grün an.

David schaut in den Spiegel.
Er sieht sein Gesicht.
David findet sich schön.
„Ich habe schon tolle Haare“, sagt er.

2 Ordne die Wörter in die Tabelle ein.

~~wa-schen~~ ~~rie-chen~~ ~~su-chen~~ ~~Wo-che~~ ~~Ta-sche~~ ~~Fla-sche~~

ch	sch
riechen	waschen
suchen	Tasche
Woche	Flasche

3 ~~suchen~~ , mischen oder lachen ?

Leon und Marie suchen ihre Badesachen.

horchen , kochen oder ~~duschen~~ ?

Im Schwimmbad duschen sie zuerst.

Name: Datum:

Wörter mit Sp/sp und St/st (I)

1 Male Sp / sp blau und St / st grün an.

Heute fällt die Sportstunde aus
und Stefan muss später zur Schule.
Draußen tobt ein Schneesturm. Stefan zieht
dicke Strümpfe und die neuen Stiefel an.
Bevor er das Haus verlässt, stellt er sich
vor den Spiegel und zieht seine Mütze ein Stück tiefer
ins Gesicht. Dann springt er die Treppe hinunter
und stapft durch den tiefen Schnee in Richtung Schule.

2 Schreibe die vier Wörter mit Sp / sp heraus.

3

	ort	Sport		ören	
Sp	ift		sp	ät	
St	iegel		st	ark	
	ern			ielen	

Wörter mit Sp/sp und St/st (I)

1 Male Sp / sp blau und St / st grün an.

Heute fällt die Sportstunde aus
und Stefan muss später zur Schule.
Draußen tobt ein Schneesturm. Stefan zieht
dicke Strümpfe und die neuen Stiefel an.
Bevor er das Haus verlässt, stellt er sich
vor den Spiegel und zieht seine Mütze ein Stück tiefer
ins Gesicht. Dann springt er die Treppe hinunter
und stapft durch den tiefen Schnee in Richtung Schule.

2 Schreibe die vier Wörter mit Sp / sp heraus.

Sportstunde, später,

Spiegel, springt

3

Sp	ort	Sport	sp	ören	stören
St	ift	Stift	st	ät	spät
	iegel	Spiegel		ark	stark
	ern	Stern		ielen	spielen

Name: Datum:

Wörter mit **Sp/sp** und **St/st** (II)

1 Setze spielen oder sprechen ein.

Papa und Max ______________ mit Mario Fußball.

In Spanien ______________ die Menschen spanisch.

In der Schule ______________ wir deutsch.

Sara und Lisa ______________ gerne Fangen.

2 Ordne die Wörter in die Tabelle ein.

Sport | ste hen | spa zie ren | stür zen | Stun de | Spra che | spa ren | Strei fen

Sp	sp

St	st

Wörter mit Sp/sp und St/st (II)

1 Setze spielen oder sprechen ein.

Papa und Max spielen mit Mario Fußball.

In Spanien sprechen die Menschen spanisch.

In der Schule sprechen wir deutsch.

Sara und Lisa spielen gerne Fangen.

2 Ordne die Wörter in die Tabelle ein.

~~Sport~~ ~~ste hen~~ ~~spa zie ren~~ ~~stür zen~~
~~Stun de~~ ~~Spra che~~ ~~spa ren~~ ~~Strei fen~~

Sp	sp
Sport	spazieren
Sprache	sparen

St	st
Stunde	stehen
Streifen	stürzen

Name: Datum:

Wörter mit ie (I)

1 Nur **zwei** Wörter sind richtig.

h		t		n	
T	**ie**r	W	**ie**se	w	**ie**
n		R		m	

hier

2 Setze **ie** ein.

Im Zoo gibt es v ie l zu sehen.

Tom ist gerne h r.

Er l st das Schild.

Im Gehege sind s ben Affen.

Tom mag auch andere T re.

Er kommt bald w der.

viel

Wörter mit ie (I)

1 Nur **zwei** Wörter sind richtig.

h			t			n	
T	**ie**r		W	**ie**se		w	**ie**
n			R			m	

hier	Wiese	nie
Tier	Riese	wie

2 Setze **ie** ein.

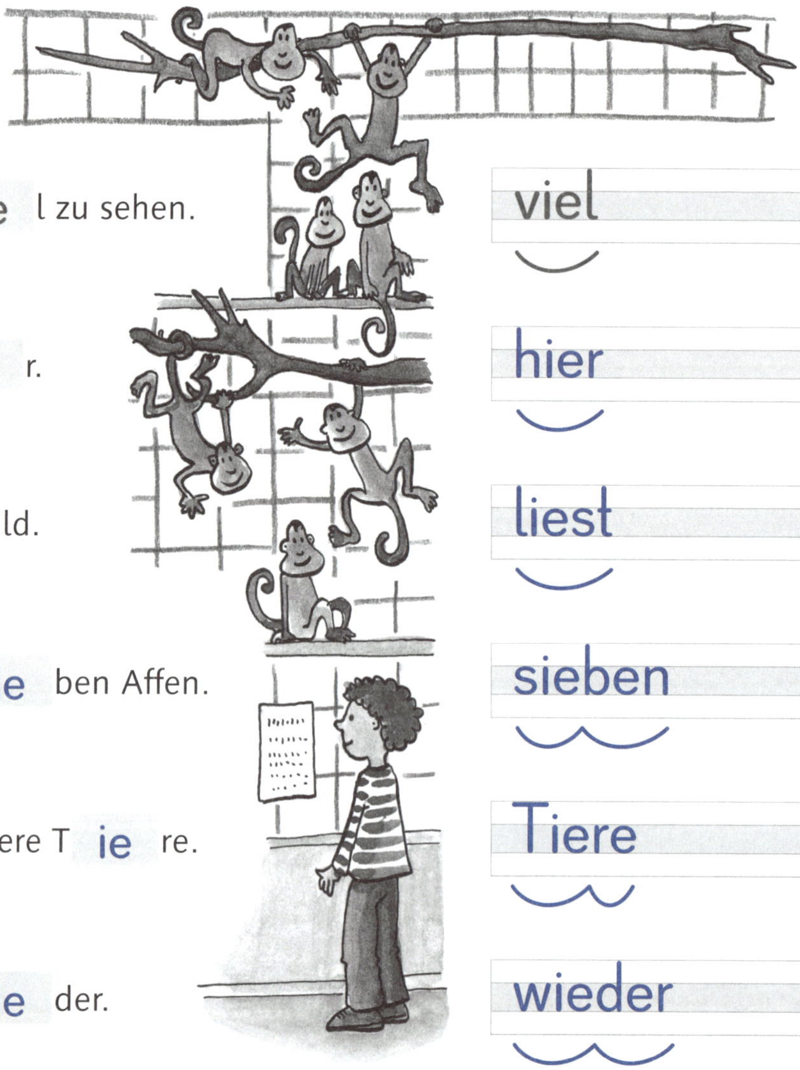

Im Zoo gibt es v ie l zu sehen. — viel

Tom ist gerne h ie r. — hier

Er l ie st das Schild. — liest

Im Gehege sind s ie ben Affen. — sieben

Tom mag auch andere T ie re. — Tiere

Er kommt bald w ie der. — wieder

Name: Datum:

Wörter in Silbenboote einsetzen (I)

1 Setze ein.

ein kau fen

spie len
nie
E sel
~~ein kau fen~~
la chen
be spre chen
spa zie ren
hier
Scho ko la de

2 Ergänze.

Last Ku Ro wa tier ter ne

Bau stei — schel

bo — gen

Schau Spiel Bil stif

kel to buch te

der — zeug au

Bunt — pferd

Wörter in Silbenboote einsetzen (I)

1 Setze ein.

ein kau fen la chen

Scho ko la de E sel

vier be spre chen nie

spa zie ren spie len

~~spie len~~
~~nie~~
~~E sel~~
~~ein kau fen~~
~~la chen~~
~~be spre chen~~
~~spa zie ren~~
~~hier~~
~~Scho ko la de~~

2 Ergänze.

~~Last~~ ~~Ku~~ ~~Ro~~ ~~wa~~ ~~tier~~ ~~ter~~ ~~ne~~

Bau stei ne Ku schel tier

Ro bo ter Last wa gen

~~Schau~~ ~~Spiel~~ ~~Bil~~ ~~stif~~
~~kel~~ ~~to~~ ~~buch~~ ~~te~~

Bil der buch Spiel zeug au to

Bunt stif te Schau kel pferd

Name: Datum:

Wörter in Silbenboote einsetzen (II)

1

Le na geht ein kau fen.

Zu erst legt sie fünf To ma ten in den Korb.

Le na möch te noch Wein trau ben.

Auch eine A na nas fehlt noch.

Zum Schluss kauft sie noch Ap fel mus.

Die Me lo nen möch te sie nicht.

2 Schreibe die Wörter mit drei Silben auf.

ein kau fen

Wörter in Silbenboote einsetzen (II)

1

Le na geht ein kau fen.

Zu erst legt sie fünf To ma ten in den Korb.

Le na möch te noch Wein trau ben.

Auch eine A na nas fehlt noch.

Zum Schluss kauft sie noch Ap fel mus.

Die Me lo nen möch te sie nicht.

2 Schreibe die Wörter mit drei Silben auf.

ein kau fen | To ma ten

Wein trau ben | A na nas

Ap fel mus | Me lo nen

Name: Datum:

Lange Wörter

1

Zwerg ka nin chen

Wild ka nin chen

Schnee schuh ha se

Strauch ka nin chen

Vul kan ka nin chen

Po lar ha se

2

Sprich die Wörter und gehe zu jeder Silbe einen Schritt. Deine Partnerin/Dein Partner kontrolliert, ob du richtig gehst.

 Stock en te

 Man da rin en te

 Sil ber mö we

 Drei ze hen mö we

 Al pen sa la man der

 Feu er sa la man der

 Zi tro nen fal ter

 Tag pfau en au ge

 Rin gel tau be

 Tur tel tau be

Lange Wörter

1

Zwerg ka nin chen

Wild ka nin chen

Schnee schuh ha se

Strauch ka nin chen

Vul kan ka nin chen

Po lar ha se

2

Sprich die Wörter und gehe zu jeder Silbe einen Schritt. Deine Partnerin/Dein Partner kontrolliert, ob du richtig gehst.

 Stock en te

 Man da rin en te

 Sil ber mö we

 Drei ze hen mö we

 Al pen sa la man der

 Feu er sa la man der

 Zi tro nen fal ter

 Tag pfau en au ge

 Rin gel tau be

 Tur tel tau be

Name: Datum:

Wörter mit vielen Selbstlauten

1 Im Oktober

Jan feiert Geburtstag.

Sandra sammelt Kastanien.

Osman und Tim bauen ein Baumhaus.

Meikes Mutter kauft eine Familienkarte für den Zoo.

Laura darf abends das Feuer im Kamin anzünden.

2 Setze die rot gedruckten Wörter in die Silbenboote ein.

fei ert

3 Schwinge die Wörter.

fei ern | Gei er | schrei en

kau en | teu er | Fe ri en

Ja nu ar | schnei en | sau er

Bau er | schau en | Mau er

Feu er werks kör per | Fa mi li en fei er

Un ge heu er | mi au en

Wörter mit vielen Selbstlauten

1 Im Oktober

Jan feiert Geburtstag.

Sandra sammelt Kastanien.

Osman und Tim bauen ein Baumhaus.

Meikes Mutter kauft eine Familienkarte für den Zoo.

Laura darf abends das Feuer im Kamin anzünden.

2 Setze die rot gedruckten Wörter in die Silbenboote ein.

Fa mi li en kar te   fei ert

bau en   Kas ta ni en   Feu er

3 Schwinge die Wörter.

fei ern   Gei er   schrei en

kau en   teu er   Fe ri en

Ja nu ar   schnei en   sau er

Bau er   schau en   Mau er

Feu er werks kör per   Fa mi li en fei er

Un ge heu er   mi au en

Name: Datum:

Wörter verlängern: Nomen

1

Tina bekommt ein neues **Kleid**.

Im Geschäft gibt es viele Kleider.

Leon wartet auf seinen **Zug**.

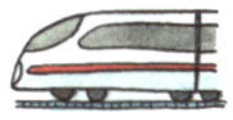

Auf dem Bahnhof stehen viele ______.

Mira hat einen **Hund**.

Herr Moser hat zwei ______.

Wenn du nicht weißt, ob ein Wort am Ende mit **b** oder **p**, mit **d** oder **t**, mit **g** oder **k** geschrieben wird, dann **verlängere** das Wort.

2

der Wal**d** 
viele ______

das Bro**t** 
viele ______

das Hem**d** 
viele ______

der Die__ 
viele ______

der Hu__ 
viele ______

der Kor__ 
viele ______

der Ber__ 
viele ______

der We__ 
viele ______

der Schran__ 
viele ______

Wörter verlängern: Nomen

1

Tina bekommt ein neues **Kleid**.

Im Geschäft gibt es viele Kleider.

Leon wartet auf seinen **Zug**.

Auf dem Bahnhof stehen viele Züge.

Mira hat einen **Hund**.

Herr Moser hat zwei Hunde.

Wenn du nicht weißt, ob ein Wort am Ende mit **b** oder **p**, mit **d** oder **t**, mit **g** oder **k** geschrieben wird, dann **verlängere** das Wort.

2

der Wal**d** 
viele Wälder

das Bro**t** 
viele Brote

das Hem**d** 
viele Hemden

der Dieb 
viele Diebe

der Hut 
viele Hüte

der Korb 
viele Körbe

der Berg 
viele Berge

der Weg 
viele Wege

der Schrank 
viele Schränke

Name: Datum:

Wörter verlängern: d oder t am Wortende?

1 Die Sonne brennt. Marie und Lena liegen am Strand. Sie haben ihre  dabei. Im flachen Wasser spielen viele  .

Fast alle tragen  , an denen bunte  wehen.

2

das Ra d 

viele Räder

das Kin 

viele

der Sonnenhu 

viele

das Ban 

viele

3

das Ba d

viele Bäder

das Bil

viele

das Hef

viele

das Fel

viele

der As

viele

der Mona

viele

das Geschäf

viele

der Freun

viele

die Han

viele

Wörter verlängern: d oder t am Wortende?

1 Die Sonne brennt. Marie und Lena liegen am Strand. Sie haben ihre  dabei. Im flachen Wasser spielen viele . Fast alle tragen , an denen bunte  wehen.

2

das Ra d 
viele Räder

das Kin d 
viele Kinder

der Sonnenhu t 
viele Sonnenhüte

das Ban d 
viele Bänder

3

das Ba d
viele Bäder

das Bil d
viele Bilder

das Hef t
viele Hefte

das Fel d
viele Felder

der As t
viele Äste

der Mona t
viele Monate

das Geschäf t
viele Geschäfte

der Freun d
viele Freunde

die Han d
viele Hände

Name: Datum:

Wörter verlängern: b oder p, d oder t, g oder k?

1

Hoch oben auf dem Ber ,
da steht ein kleiner Zwer .
Ein großer, grauer Elefan
lehnt neben ihm an einer Wan .

2

der Ber g
viele Berge

der Zwer
viele

der Elefan
viele

die Wan
viele

3

die Ban g/k
viele Bänke

der Ta g/k
viele

der Sta b/p
viele

der Mun d/t
viele

der Flu g/k
viele

das Schwer d/t
viele

die Bur g/k
viele

das Pfer d/t
viele

der Urlau b/p
viele

Wörter verlängern: b oder p, d oder t, g oder k?

1

Hoch oben auf dem Ber g ,
da steht ein kleiner Zwer g .
Ein großer, grauer Elefan t
lehnt neben ihm an einer Wan d .

2

der Ber g – viele Berge

der Zwer g – viele Zwerge

der Elefan t – viele Elefanten

die Wan d – viele Wände

3

die Ban g / k – viele Bänke

der Ta g / k – viele Tage

der Sta b / p – viele Stäbe

der Mun d / t – viele Münder

der Flu g / k – viele Flüge

das Schwer d / t – viele Schwerter

die Bur g / k – viele Burgen

das Pfer d / t – viele Pferde

der Urlau b / p – viele Urlaube

Name: Datum:

Ableiten: ä kommt von a

1 Verbinde die verwandten Wörter.

die Äste	schlafen
das Kätzchen	der Ast
täglich	die Katze
die Wärme	fahren
gefährlich	warm
sie schläft	die Gefahr
die Fähre	der Tag

Man schreibt ein Wort mit **ä**,
wenn es ein verwandtes Wort mit **a** gibt.

2 Suche selbst ein verwandtes Wort mit **a**.

die Gläser kämmen die Kälte

3 Schreibt man das Wort mit **ä** oder mit **e**?

	die H nde 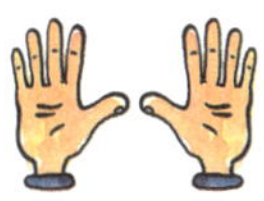	der W cker 
Verwandtes Wort mit **a**:	die Hand	
Deshalb schreibt man:		

Ableiten: ä kommt von a

1 Verbinde die verwandten Wörter.

die Äste	schlafen
das Kätzchen	der Ast
täglich	die Katze
die Wärme	fahren
gefährlich	warm
sie schläft	die Gefahr
die Fähre	der Tag

Man schreibt ein Wort mit **ä**,
wenn es ein verwandtes Wort mit **a** gibt.

2 Suche selbst ein verwandtes Wort mit **a**.

die Gläser	kämmen	die Kälte
das Glas	der Kamm	kalt

3 Schreibt man das Wort mit **ä** oder mit **e**?

	die H ä nde 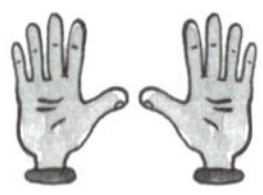	der W e cker 
Verwandtes Wort mit **a**:	die Hand	gibt es nicht
Deshalb schreibt man:	die Hände	der Wecker

Name: Datum:

Ableiten: äu kommt von au

1 Immer drei Wörter sind verwandt.
Male sie mit der gleichen Farbe an.

träumen	der Wettlauf	einzäunen	das Haustier
die Häuser	der Zaun	der Traum	der Läufer
laufen	die Träume	das Haus	die Zäune

Man schreibt ein Wort mit **äu**,
wenn es ein verwandtes Wort mit **au** gibt.

2 Finde zu den Wörtern mit **äu** immer ein verwandtes Wort mit **au**.

Nach dem Frühstück räumen die Kinder auf. der R

Marie kehrt ein Häufchen Krümel zusammen.

Jan läuft um den Tisch herum

und säubert ihn mit einem Lappen.

3 Schreibt man das Wort mit **äu** oder mit **eu**?

	die M se 	das F er 
Verwandtes Wort mit **au**:	die Maus	
Deshalb schreibt man:		

Ableiten: äu kommt von au

1 Immer drei Wörter sind verwandt.
Male sie mit der gleichen Farbe an.

träumen	der Wettlauf	einzäunen	das Haustier
die Häuser	der Zaun	der Traum	der Läufer
laufen	die Träume	das Haus	die Zäune

Man schreibt ein Wort mit **äu**,
wenn es ein verwandtes Wort mit **au** gibt.

2 Finde zu den Wörtern mit **äu** immer ein verwandtes Wort mit **au**.

Nach dem Frühstück räumen die Kinder auf.	der Raum
Marie kehrt ein Häufchen Krümel zusammen.	der Haufen
Jan läuft um den Tisch herum	laufen
und säubert ihn mit einem Lappen.	sauber

3 Schreibt man das Wort mit **äu** oder mit **eu**?

	die M äu se 	das F eu er 
Verwandtes Wort mit **au**:	die Maus	
Deshalb schreibt man:	die Mäuse	das Feuer

Lange und kurze Selbstlaute (I)

1 Lies den Text laut.

Die Schule ist aus. Tina läuft heute

besonders schnell nach Hause,

denn es gibt Nudeln mit Soße.

Das ist ihr Lieblingsessen.

Auf dem Tisch stehen schon die Teller.

Tina nimmt ihre Gabel und ihren Löffel und probiert die Nudeln.

Sind die heiß! Tina muss pusten. Erst jetzt kann sie essen.

2 Sprich die Wörter.
Wo klingt der rot gedruckte Selbstlaut lang, wo klingt er kurz?
Ergänze die Tabelle.

		langer Selbstlaut	kurzer Selbstlaut
~~Schule~~	schnell	Schule	
Nudeln	Soße		
Tisch	Teller		
ihre	Gabel		
Löffel	pusten		
jetzt	essen		

Lange und kurze Selbstlaute (I)

1 Lies den Text laut.

Die Schule ist aus. Tina läuft heute

besonders schnell nach Hause,

denn es gibt Nudeln mit Soße.

Das ist ihr Lieblingsessen.

Auf dem Tisch stehen schon die Teller.

Tina nimmt ihre Gabel und ihren Löffel und probiert die Nudeln.

Sind die heiß! Tina muss pusten. Erst jetzt kann sie essen.

2 Sprich die Wörter.
Wo klingt der rot gedruckte Selbstlaut lang, wo klingt er kurz?
Ergänze die Tabelle.

		langer Selbstlaut	kurzer Selbstlaut
~~Schule~~	~~schnell~~	Schule	schnell
~~Nudeln~~	~~Soße~~	Nudeln	Tisch
~~Tisch~~	~~Teller~~	Soße	Teller
~~ihre~~	~~Gabel~~	ihre	Löffel
~~Löffel~~	~~pusten~~	Gabel	jetzt
~~jetzt~~	~~essen~~	pusten	essen

Name: Datum:

Lange und kurze Selbstlaute (II)

1 Lang oder kurz? Sprich die Wörter.
Kennzeichne den langen Selbstlaut mit einem Strich
und den kurzen Selbstlaut mit einem Punkt.

	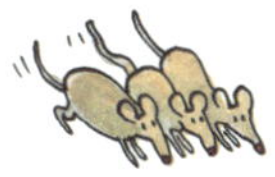			
Betten	Ratten	Hüte	spuken	hacken
beten	raten	Hütte	spucken	Haken
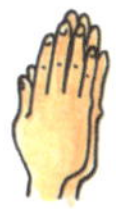				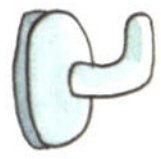

2 Lang oder kurz? Welches Wort passt nicht in die Reihe?
Streiche es durch.

Fass	Feder	wissen	Koffer
Tanne	Esel	liegen	Sofa
Jacke	nehmen	Insel	Kopf
~~fragen~~	Schere	schicken	Gold
Katze	Teller	Mitte	rollen

Blume	kämmen	öffnen	grün
Kuchen	Käse	Öl	Tüte
Fluss	Plätzchen	König	Tür
Schule	glänzen	Flöte	kühl
Wut	hängen	Löwe	dünn

Lange und kurze Selbstlaute (II)

1 Lang oder kurz? Sprich die Wörter.
Kennzeichne den langen Selbstlaut mit einem Strich
und den kurzen Selbstlaut mit einem Punkt.

Betten	Ratten	Hüte	spuken	hacken
beten	raten	Hütte	spucken	Haken

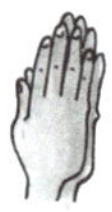    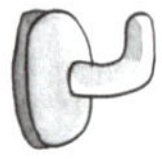

2 Lang oder kurz? Welches Wort passt nicht in die Reihe?
Streiche es durch.

Fass	Feder	wissen	Koffer
Tanne	Esel	~~liegen~~	~~Sofa~~
Jacke	nehmen	Insel	Kopf
~~fragen~~	Schere	schicken	Gold
Katze	~~Teller~~	Mitte	rollen

Blume	kämmen	~~öffnen~~	grün
Kuchen	~~Käse~~	Öl	Tüte
~~Fluss~~	Plätzchen	König	Tür
Schule	glänzen	Flöte	kühl
Wut	hängen	Löwe	~~dünn~~

Name: Datum:

Wörter mit doppelten Mitlauten (I)

1 Male in den Wörtern **all**, **ell** und **ett** in verschiedenen Farben an. Ordne dann die Wörter in die Tabelle ein.

knal len | Wel le | Wet ter | Qual le | wet ten | Tel ler | klet tern

Zet tel | al le | Ket te | Kral le | bel len | fal len | Kel le | stel len

Wörter mit **all**	Wörter mit **ell**	Wörter mit **ett**
knallen		

2 Sprich die Wörter aus der Tabelle.
Kennzeichne in der ersten Silbe den kurzen Selbstlaut mit einem Punkt.

3 ff ll mm ~~nn~~ pp ss

Papa liegt am Meer. Die So nn e brennt.

Er hat die Ka___e aufgesetzt.

Auf dem Wa___er fahren große Schi___e.

Die Kinder spielen mit ihren Bä___en. Es ist So___er.

Wörter mit doppelten Mitlauten (I)

1 Male in den Wörtern **all**, **ell** und **ett** in verschiedenen Farben an.
Ordne dann die Wörter in die Tabelle ein.

knallen | Welle | Wetter | Qualle | wetten | Teller | klettern
Zettel | alle | Kette | Kralle | bellen | fallen | Kelle | stellen

Wörter mit **all**	Wörter mit **ell**	Wörter mit **ett**
knallen	Welle	Wetter
Qualle	Teller	klettern
Kralle	bellen	Zettel
alle	Kelle	wetten
fallen	stellen	Kette

2 Sprich die Wörter aus der Tabelle.
Kennzeichne in der ersten Silbe den kurzen Selbstlaut mit einem Punkt.

3 ~~ff~~ ~~ll~~ ~~mm~~ ~~nn~~ ~~pp~~ ~~ss~~

Papa liegt am Meer. Die So nn e brennt.

Er hat die Ka pp e aufgesetzt.

Auf dem Wa ss er fahren große Schi ff e.

Die Kinder spielen mit ihren Bä ll en. Es ist So mm er.

Name: Datum:

Wörter mit doppelten Mitlauten (II)

1 Welche Teile gehören zusammen? Male sie in der gleichen Farbe an.

Wet –	Schat –	Was –	– ten	– pe	– men
Grup –	schwim –	Klas –	– ter	– ser	– se

2 Setze die Wörter von oben in den Text ein.

Heute ist schönes Wetter. Julian ist mit seiner ______ im Freibad. Er liegt mit einer ______ Jungen im ______. Eben waren alle im ______. Julian kann schon gut ______.

3 Sprich die eingesetzten Wörter aus Aufgabe 2.
Kennzeichne in der ersten Silbe den kurzen Selbstlaut mit einem Punkt.

4 Setze die passenden doppelten Mitlaute ein. ss ff tt nn

Bru / kö / re — ___ — en	e / Ki / pa — ___ — en	o / tre / ho — ___ — en	Be / gla / kapu — ___

Wörter mit doppelten Mitlauten (II)

1 Welche Teile gehören zusammen? Male sie in der gleichen Farbe an.

Wet – Schat – Was – Grup – schwim – Klas –

– ten – pe – men – ter – ser – se

2 Setze die Wörter von oben in den Text ein.

Heute ist schönes Wetter. Julian ist mit seiner Klasse im Freibad. Er liegt mit einer Gruppe Jungen im Schatten. Eben waren alle im Wasser. Julian kann schon gut schwimmen.

3 Sprich die eingesetzten Wörter aus Aufgabe 2.
Kennzeichne in der ersten Silbe den kurzen Selbstlaut mit einem Punkt.

4 Setze die passenden doppelten Mitlaute ein. ~~ss~~ ~~ff~~ ~~tt~~ ~~nn~~

Bru / kö / re — nn — en

e / Ki / pa — ss — en

o / tre / ho — ff — en

Be / gla / kapu — tt

Name: Datum:

Wörter mit ie (II)

1 Setze ein. Male alle **ie** an.

Wiese ~~Brief~~ wieder spielt

Haustier sieben niedlich

Lea hat einen Brief von ihrer Freundin Nora

bekommen. Nora hat jetzt ein ________:

einen Hasen. Er ist erst ________ Wochen alt und

wirklich ________. Nachmittags ________

Nora mit dem Hasen auf der ________. Abends

muss der Hase ________ ins Gehege.

2 Sprich die Wörter.
Kennzeichne den **langen** Selbstlaut mit einem Strich
und den **kurzen** Selbstlaut mit einem Punkt.

das Spiel	billig	diese	das Schiff	vier
die Stimme	das Ziel	die Brille	die Biene	der Himmel
tief	fliegen	wie	immer	das Papier
die Spinne	schlimm	lieb	ziemlich	das Kissen

3 Was fällt dir auf?

ie klingt immer

Wörter mit ie (II)

1 Setze ein. Male alle **ie** an.

~~Wiese~~ ~~Brief~~ ~~wieder~~ ~~spielt~~
~~Haustier~~ ~~sieben~~ ~~niedlich~~

Lea hat einen Brief von ihrer Freundin Nora bekommen. Nora hat jetzt ein Haustier: einen Hasen. Er ist erst sieben Wochen alt und wirklich niedlich. Nachmittags spielt Nora mit dem Hasen auf der Wiese. Abends muss der Hase wieder ins Gehege.

2 Sprich die Wörter.
Kennzeichne den **langen** Selbstlaut mit einem Strich und den **kurzen** Selbstlaut mit einem Punkt.

das Spiel	billig	diese	das Schiff	vier
die Stimme	das Ziel	die Brille	die Biene	der Himmel
tief	fliegen	wie	immer	das Papier
die Spinne	schlimm	lieb	ziemlich	das Kissen

3 Was fällt dir auf?

ie klingt immer lang.

Name: Datum:

Wörter mit ck

1 Reime.

Jacke	backen	Decke
B	p	Schn

2 Die ______ hängt am Haken.

Hanno sucht seine ______.

Vom Kirchturm her läutet die ______.

3

S / tr / l → ocken	st / d / l → ecken	L / Br / M → ücke
Socken		

Wörter mit ck

1 Reime.

Jacke	backen	Decke
Backe	packen	Schnecke

2 Die Jacke hängt am Haken.

Hanno sucht seine Socken.

Vom Kirchturm her läutet die Glocke.

3

S / tr / l → ocken	st / d / l → ecken	L / Br / M → ücke
Socken	stecken	Lücke
trocken	decken	Brücke
locken	lecken	Mücke

Name: Datum:

Wörter mit tz

1 Male **tz** in den Wörtern an.

Mama möchte heute die Fenster putzen.
Sie sind schmutzig.
Die Scheiben sollen wieder blitzen.
Da geht plötzlich die Tür auf.
Die Katze kommt herein.
Sie bekommt einen Spritzer Wasser ab und rennt davon.

2 Schreibe aus dem Text die Wörter mit **tz** heraus.
Kennzeichne in der ersten Silbe den kurzen Selbstlaut mit einem Punkt.

putzen

3 Reime.

die Katze	der Satz	die Hitze
die Gl	der Sp	die R
kratzen	sitzen	die Mütze
pl	bl	die Pf

Wörter mit tz

1 Male tz in den Wörtern an.

Mama möchte heute die Fenster putzen.
Sie sind schmutzig.
Die Scheiben sollen wieder blitzen.
Da geht plötzlich die Tür auf.
Die Katze kommt herein.
Sie bekommt einen Spritzer Wasser ab und rennt davon.

2 Schreibe aus dem Text die Wörter mit tz heraus.
Kennzeichne in der ersten Silbe den kurzen Selbstlaut mit einem Punkt.

putzen	schmutzig	blitzen
plötzlich	Katze	Spritzer

3 Reime.

die Katze	der Satz	die Hitze
die Glatze	der Spatz	die Ritze
kratzen	sitzen	die Mütze
platzen	blitzen	die Pfütze

Name: Datum:

Wortfamilie und Wortstamm (I)

1 Male alle Wörter einer Wortfamilie mit der gleichen Farbe an.

wohnen	die Größe	die Freundschaft	vergrößern
befreundet	die Wohnung	das Gebäck	der Freund
wohnlich	das Backblech	die Großeltern	backen
freundlich	der Bewohner	der Bäcker	groß

Jedes Wort hat einen Wortstamm, der meist gleich bleibt.
Wörter mit dem gleichen Wortstamm bilden eine **Wortfamilie**.

2 Bilde Wörter. Male in allen Wörtern den Wortstamm an.

Be		en
ab	**Schreib**	heft
be	**schreib**	ung
auf		tisch

Be	**Kauf**	en
ab	**kauf**	haus
be	**Käuf**	er
auf	**käuf**	mann

Beschreibung, ab

abkaufen, ver

Wortfamilie und Wortstamm (I)

1 Male alle Wörter einer Wortfamilie mit der gleichen Farbe an.

wohnen	die Größe	die Freundschaft	vergrößern
befreundet	die Wohnung	das Gebäck	der Freund
wohnlich	das Backblech	die Großeltern	backen
freundlich	der Bewohner	der Bäcker	groß

Jedes Wort hat einen Wortstamm, der meist gleich bleibt.
Wörter mit dem gleichen Wortstamm bilden eine **Wortfamilie**.

2 Bilde Wörter. Male in allen Wörtern den Wortstamm an.

Be		en	Be	**Kauf**	en
ab	**Schreib**	heft	ab	**kauf**	haus
be	**schreib**	ung	be	**Käuf**	er
auf		tisch	auf	**käuf**	mann

Beschreibung, abschreiben,

beschreiben, aufschreiben, schreiben,

Schreibheft, Schreibtisch

abkaufen, verkaufen, einkaufen,

Verkäufer, Kaufhaus, Kaufmann,

kaufen, Käufer

Name: Datum:

Wortfamilie und Wortstamm (II)

1 Setze ein. Male in allen Wörtern den Wortstamm an.

Tim und Tina ______ in der Schubertstraße.

Ihre Eltern haben dort eine ______ gekauft.

Über ihnen ______ eine freundliche, alte Frau.

Auch die anderen ______ sind freundlich.

Wohnung
wohnt
Bewohner
wohnen

2 Bilde Wörter. Male in allen Wörtern den Wortstamm an.

~~be~~ aus Wäsch tanz Deck en Wasch e ~~en~~ el

Deck Tanz zu Tanz ~~deck~~ en en en maschine

vor tanz wasch wasch deck musik e en schule

Deck / deck bedecken,

Tanz / tanz

Wasch / wasch

Wortfamilie und Wortstamm (II)

1 Setze ein. Male in allen Wörtern den Wortstamm an.

Tim und Tina wohnen in der Schubertstraße.

Ihre Eltern haben dort eine Wohnung gekauft.

Über ihnen wohnt eine freundliche, alte Frau.

Auch die anderen Bewohner sind freundlich.

Wohnung · wohnt · Bewohner · wohnen

2 Bilde Wörter. Male in allen Wörtern den Wortstamm an.

be · aus · Wäsch · tanz · Deck · en · Wasch · e · en · el
Deck · Tanz · zu · Tanz · deck · en · en · en · maschine
vor · tanz · wasch · wasch · deck · musik · e · en · schule

Deck / deck bedecken, Deckel, zudecken, Decke

Tanz / tanz vortanzen, Tanzschule, Tanzmusik, tanzen

Wasch / wasch Wäsche, Waschmaschine, auswaschen, waschen

Name: Datum:

Wortfamilie und Wortstamm (III)

1 Lies den Text. Male **Steh** / **steh** in den Wörtern rot an.

Mareike und Jana stehen an der Haltestelle. Sie möchten miteinander reden, aber es ist zu laut. Sie können einander nicht verstehen. Endlich kommt der Bus. Jana bezahlt und setzt sich neben Mareike. Als eine ältere Dame einsteigt, möchte Jana sofort aufstehen. Aber die Dame besteht darauf, dass Jana sich wieder setzt. „Ich fahre nur eine Station", sagt sie, „mir reicht ein Stehplatz."

2 Schreibe die Wörter mit **Steh** / **steh** heraus.

3 Setze die passende Form von **fahren** ein. Male in allen Wörtern den Wortstamm an.

Max und Mia ______ Inliner.

Mia ______ wie immer voraus.

„Du ______ zu langsam!", ruft Max.

„Ich ______ so wie immer", antwortet Mia,

„wir ______ doch sonst auch nicht schneller."

fahre

fährst

fahren

fahren

fährt

Wortfamilie und Wortstamm (III)

1 Lies den Text. Male Steh / steh in den Wörtern rot an.

Mareike und Jana stehen an der Haltestelle.
Sie möchten miteinander reden, aber es ist zu laut.
Sie können einander nicht verstehen. Endlich kommt der Bus. Jana bezahlt und setzt sich neben Mareike. Als eine ältere Dame einsteigt, möchte Jana sofort aufstehen. Aber die Dame besteht darauf, dass Jana sich wieder setzt.
„Ich fahre nur eine Station", sagt sie, „mir reicht ein Stehplatz."

2 Schreibe die Wörter mit Steh / steh heraus.

stehen, verstehen, aufstehen,

besteht, Stehplatz

3 Setze die passende Form von **fahren** ein.
Male in allen Wörtern den Wortstamm an.

Max und Mia fahren Inliner.

Mia fährt wie immer voraus.

„Du fährst zu langsam!", ruft Max.

„Ich fahre so wie immer", antwortet Mia,

„wir fahren doch sonst auch nicht schneller."

~~fahre~~ ~~fährst~~ ~~fahren~~ ~~fahren~~ ~~fährt~~

Name: Datum:

Wortfamilie und Wortstamm: Kuckuckseier

1 Schreibe die Wortfamilien auf. Male den Wortstamm an.
Ein Wort (das Kuckucksei) passt nicht in die Reihe!
Kreise es ein.

vorlesen | das Lesebuch | einstecken | ablesen

vorlesen,

mitspielen | das Brettspiel | verspielt | der Stecker

verstecken | verschlafen | der Schlafanzug | einschlafen

2 Die Kuckuckseier ergeben auch eine Wortfamilie.
Schreibe sie auf. Male immer den Wortstamm an.

3 Setze die Wörter aus Aufgabe 2 ein.

Tina steckt den ______ in die Steckdose.

Ole und Tim ______ sich im Gebüsch.

Paola muss noch ihr Matheheft ______.

Wortfamilie und Wortstamm: Kuckuckseier

1 Schreibe die Wortfamilien auf. Male den Wortstamm an.
Ein Wort (das Kuckucksei) passt nicht in die Reihe!
Kreise es ein.

vorlesen das Lesebuch einstecken ablesen

vorlesen, das Lesebuch, ablesen

mitspielen das Brettspiel verspielt der Stecker

mitspielen, das Brettspiel, verspielt

verstecken verschlafen der Schlafanzug einschlafen

verschlafen, der Schlafanzug, einschlafen

2 Die Kuckuckseier ergeben auch eine Wortfamilie.
Schreibe sie auf. Male immer den Wortstamm an.

einstecken, der Stecker, verstecken

3 Setze die Wörter aus Aufgabe 2 ein.

Tina steckt den Stecker in die Steckdose.

Ole und Tim verstecken sich im Gebüsch.

Paola muss noch ihr Matheheft einstecken.

Name: Datum:

Zusammengesetzte Nomen (I)

1

Fußball

2

das Obst + der Sa lat — der Obstsalat

der Sand + die Burg

der Com pu ter + das Spiel

3

Markiere zuerst die Wortgrenze mit einem Strich.
Zerlege dann das Wort.

der Obst|tel ler — das Obst , der

der Nuss ku chen — die , der

die Sa lat gur ke — der , die

Zusammengesetzte Nomen (I)

1

Fußball

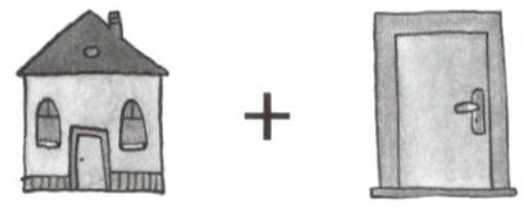

Haustür

Brotkorb

Haarband

Baumhaus

Spiegelei

2

das Obst + der Sa lat — der Obstsalat

der Sand + die Burg — die Sandburg

der Com pu ter + das Spiel — das Computerspiel

3 Markiere zuerst die Wortgrenze mit einem Strich.
Zerlege dann das Wort.

der Obst|tel ler — das Obst, der Teller

der Nuss|ku chen — die Nuss, der Kuchen

die Sa lat|gur ke — der Salat, die Gurke

Name: Datum:

Zusammengesetzte Nomen (II)

1 Setze die Wörter von oben in den Text ein.

das Spiel – das Brett – das Feld – die An lei tung – die Fi gur

Till hat das Spielbrett aufgebaut.

Paola liest die ______.

Mario stellt seine ______

auf das ______.

2 Markiere zuerst die Wortgrenzen mit Strichen.
Schreibe dann immer zwei zusammengesetzte Nomen.

DAS REI SE|PASS|FO TO

der Reisepass, das Passfoto

DAS WAS SER BALL SPIEL

der ______, das ______

DER SOM MER FE RI EN TAG

die ______, der ______

DER GOLD FISCH TEICH

der ______, der ______

Zusammengesetzte Nomen (II)

1 Setze die Wörter von oben in den Text ein.

das Spiel – – das Brett – das Feld – die An lei tung – die Fi gur

Till hat das Spielbrett aufgebaut.

Paola liest die Spielanleitung.

Mario stellt seine Spielfigur

auf das Spielfeld.

2 Markiere zuerst die Wortgrenzen mit Strichen.
Schreibe dann immer zwei zusammengesetzte Nomen.

DAS REI SE|PASS|FO TO

der Reisepass, das Passfoto

DAS WAS SER|BALL|SPIEL

der Wasserball, das Ballspiel

DER SOM MER|FE RI EN|TAG

die Sommerferien, der Ferientag

DER GOLD|FISCH|TEICH

der Goldfisch, der Fischteich

Name: Datum:

Nomen mit -chen

1 Male **chen** in den Wörtern an.

Sara hat zum Geburtstag ein Puppenhaus bekommen. Alles darin ist ganz klein: Auf einem Stühlchen sitzt an einem Tischchen ein kleines Püppchen. Daneben steht ein Bettchen, in dem sogar ein winziges Deckchen liegt.

2

klein	groß
das Stühlchen	der Stuhl
das T	der T
das	die
das	das
das	die

3

der Baum
das Bäumchen

der Stock
das

die Katze

die Maus

das Haus

das Schaf

Nomen mit -chen

1 Male **chen** in den Wörtern an.

Sara hat zum Geburtstag ein Puppenhaus bekommen. Alles darin ist ganz klein: Auf einem Stühlchen sitzt an einem Tischchen ein kleines Püppchen. Daneben steht ein Bettchen, in dem sogar ein winziges Deckchen liegt.

2

klein	groß
das Stühlchen	der Stuhl
das Tischchen	der Tisch
das Püppchen	die Puppe
das Bettchen	das Bett
das Deckchen	die Decke

3

der Baum
das Bäumchen

der Stock
das Stöckchen

die Katze
das Kätzchen

die Maus
das Mäuschen

das Haus
das Häuschen

das Schaf
das Schäfchen

Name: Datum:

Verben mit Wortbausteinen

1 aus hal ten | an hal ten | be hal ten

Der Polizist muss das Auto ______ .

Jan darf den Euro ______ .

Sara kann die Zahnschmerzen kaum ______ .

2 Was passt? Kreuze an.

	halten	stehen	fahren	fallen	lesen
ab					
auf		X			
um					
los					
ver					

3 ein stei gen | an se hen | ab fah ren | an kom men

Um 15 Uhr ______ zwei Busse von der Haltestelle ______ .

Mario und Anna ______ in den ersten Bus ______ .

Um 15.20 Uhr ______ sie am Kino ______ .

Dort ______ sie sich heute einen Kinderfilm ______ .

Verben mit Wortbausteinen

1 aus hal ten   an hal ten   be hal ten

Der Polizist muss das Auto anhalten.

Jan darf den Euro behalten.

Sara kann die Zahnschmerzen kaum aushalten.

2 Was passt? Kreuze an.

	halten	stehen	fahren	fallen	lesen
ab	X	X	X	X	X
auf	X	X	X	X	X
um	—	X	X	X	—
los	—	—	X	—	—
ver	X	X	X	X	X

3 ein stei gen   an se hen   ab fah ren   an kom men

Um 15 Uhr fahren zwei Busse von der Haltestelle ab.

Mario und Anna steigen in den ersten Bus ein.

Um 15.20 Uhr kommen sie am Kino an.

Dort sehen sie sich heute einen Kinderfilm an.

Name: Datum:

Verben mit **ver-** und **vor-**

1 ver le sen oder vor le sen ?

Murat möchte seiner Schwester ______________.

Clara hat sich schon wieder ______________.

ver las sen oder vor las sen ?

Anne und Lea ______________ das Schwimmbecken.

„Kannst du mich ______________?",

fragt Anne am Sprungturm.

2 **ver-** oder **vor-** ?

~~täu schen~~ schla gen kau fen

bi nd en be rei ten ra ten

ver-	vor-
	vortäuschen

Verben mit ver- und vor-

1 ver le sen oder vor le sen ?

Murat möchte seiner Schwester vorlesen .

Clara hat sich schon wieder verlesen .

ver las sen oder vor las sen ?

Anne und Lea verlassen das Schwimmbecken.

„Kannst du mich vorlassen ?“,

fragt Anne am Sprungturm.

2 **ver-** oder **vor-** ?

~~täu schen~~ ~~schla gen~~ ~~kau fen~~

~~bi nd en~~ ~~be rei ten~~ ~~ra ten~~

ver-	vor-
verkaufen	vortäuschen
verbinden	vorschlagen
verraten	vorbereiten

Nomen

1 Setze ein.

Heute ist im ______ viel los.

Opa mäht den ______.

Luca pflückt eine ______.

Oma erntet die ______.

Jana spielt mit ihrer ______.

Papa holt aus der Küche eine ______

Limonade. Mama liest ein ______.

Blume
Rasen
Garten
Tomaten
Katze
Buch
Flasche

Wörter für Menschen, Tiere, Pflanzen und Dinge nennt man **Nomen**.
Nomen werden immer großgeschrieben.

2 Ordne die Nomen.

Oma Decke Katze Opa Flasche Baum
Hund Blume Papa Rasen Kuh Buch

Menschen: ______

Tiere: ______

Pflanzen: ______

Dinge: ______

Nomen

1 Setze ein.

Heute ist im Garten viel los.

Opa mäht den Rasen.

Luca pflückt eine Blume.

Oma erntet die Tomaten.

Jana spielt mit ihrer Katze.

Papa holt aus der Küche eine Flasche

Limonade. Mama liest ein Buch.

~~Blume~~ ~~Rasen~~ ~~Garten~~ ~~Tomaten~~ ~~Katze~~ ~~Buch~~ ~~Flasche~~

Wörter für Menschen, Tiere, Pflanzen und Dinge nennt man **Nomen**. **Nomen** werden immer großgeschrieben.

2 Ordne die Nomen.

~~Oma~~ ~~Decke~~ ~~Katze~~ ~~Opa~~ ~~Flasche~~ ~~Baum~~
~~Hund~~ ~~Blume~~ ~~Papa~~ ~~Rasen~~ ~~Kuh~~ ~~Buch~~

Menschen: Oma, Opa, Papa

Tiere: Katze, Hund, Kuh

Pflanzen: Baum, Blume, Rasen

Dinge: Decke, Flasche, Buch

Name: Datum:

Nomen und ihre Artikel (I)

1 Setze ein.

Schwarzbrot Verkäuferin Kirschkuchen Bäcker Sahnetorte

Der ____________ backt das Brot.

Die ____________ bedient die Kunden.

Der ____________ ist heute besonders gut.

Frau Hummel kauft die ____________.

Herr Moser bezahlt das ____________.

Nomen haben Begleiter. Sie heißen **Artikel**.
Bestimmte **Artikel**: **der** Teller, **die** Gabel, **das** Glas
Unbestimmte **Artikel**: **ein** Teller, **eine** Gabel

2 Ergänze die Artikel.

der ~~die~~ die das das

ein ~~eine~~ eine ein ein

die Nusstorte – eine Nusstorte

____ Bäcker – ____ Bäcker

____ Brot – ____ Brot

____ Verkäuferin – ____ Verkäuferin

____ Brötchen – ____ Brötchen

Nomen und ihre Artikel (I)

1 Setze ein.

~~Schwarzbrot~~ ~~Verkäuferin~~ ~~Kirschkuchen~~ ~~Bäcker~~ ~~Sahnetorte~~

Der Bäcker backt das Brot.

Die Verkäuferin bedient die Kunden.

Der Kirschkuchen ist heute besonders gut.

Frau Hummel kauft die Sahnetorte.

Herr Moser bezahlt das Schwarzbrot.

> **Nomen** haben Begleiter. Sie heißen **Artikel**.
> Bestimmte **Artikel**: **der** Teller, **die** Gabel, **das** Glas
> Unbestimmte **Artikel**: **ein** Teller, **eine** Gabel

2 Ergänze die Artikel.

~~der~~ ~~die~~ ~~die~~ ~~das~~ ~~das~~

~~ein~~ ~~eine~~ ~~eine~~ ~~ein~~ ~~ein~~

die Nusstorte – eine Nusstorte 

der Bäcker – ein Bäcker 

das Brot – ein Brot 

die Verkäuferin – eine Verkäuferin 

das Brötchen – ein Brötchen 

Nomen und ihre Artikel (II)

1 Ordne.

2 Schreibe die Wörter aus Aufgabe 1
mit ihrem unbestimmten Artikel **ein** oder **eine** auf.

ein Mantel,

Nomen und ihre Artikel (II)

1 Ordne.

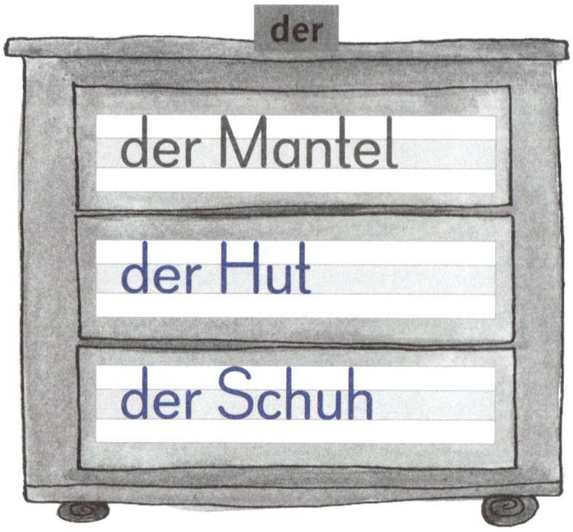

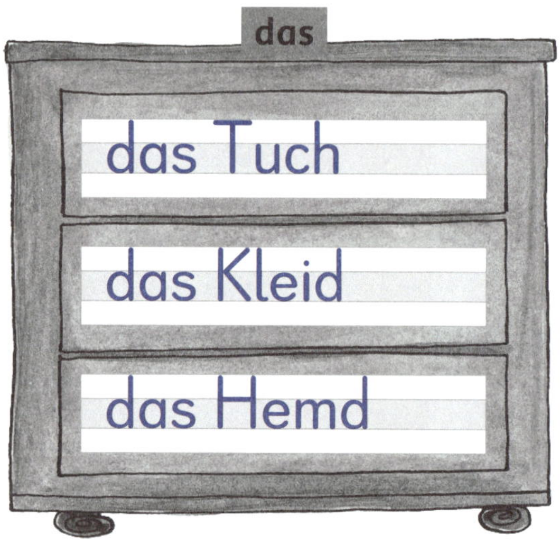

2 Schreibe die Wörter aus Aufgabe 1
mit ihrem unbestimmten Artikel **ein** oder **eine** auf.

ein Mantel, ein Hut, ein Schuh,

eine Mütze, eine Jacke, eine Hose,

ein Tuch, ein Kleid, ein Hemd

Name: Datum:

Nomen: Einzahl und Mehrzahl

1 Bilde die Einzahl.

 die Hosen

 die Hose

 die Rosen

 die

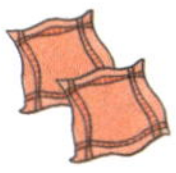 die Tücher

 das

 die Bücher

 das

Nomen gibt es in der **Einzahl** und in der **Mehrzahl**.
Der Artikel in der Mehrzahl heißt immer **die**.

2 Bilde die Mehrzahl. Male an, was sich in der Mehrzahl verändert.

 die Tasche

 die Taschen

 die Flasche

 der Schrank

 die Bank

3 Ergänze. Kontrolliere deine Lösungen zuerst mit dem Wörterbuch.

 die Betten

 das

 die Ketten

 die

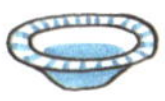 der Teller

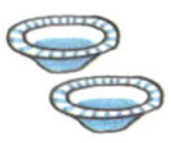

 das Messer

Nomen: Einzahl und Mehrzahl

1 Bilde die Einzahl.

 die Hosen

 die Hose

 die Rosen

 die Rose

 die Tücher

 das Tuch

 die Bücher

 das Buch

Nomen gibt es in der **Einzahl** und in der **Mehrzahl**.
Der Artikel in der Mehrzahl heißt immer **die**.

2 Bilde die Mehrzahl. Male an, was sich in der Mehrzahl verändert.

 die Tasche

 die Taschen

 die Flasche

 die Flaschen

 der Schrank

 die Schränke

 die Bank

 die Bänke

3 Ergänze. Kontrolliere deine Lösungen zuerst mit dem Wörterbuch.

 die Betten

 das Bett

 die Ketten

 die Kette

 der Teller

 die Teller

 das Messer

 die Messer

Name: Datum:

Nomen erkennen

1 Male alle **Nomen** blau an. Unterstreiche die **Artikel**.

HEUTE IST DAS AUTORENNEN.

DIE RENNWAGEN STEHEN BEREIT.

DIE ZUSCHAUER WARTEN GESPANNT.

GLEICH IST DER START.

ES GEHT LOS, DAS RENNEN BEGINNT.

DER GELBE WAGEN IST GANZ WEIT VORN.

ABER DER ROTE WAGEN ÜBERHOLT IHN.

2 Schreibe den Text ab.

Heute ist das

Die

Die

Gleich

Es , das

Der

Aber der

Nomen erkennen

1 Male alle **Nomen** blau an. Unterstreiche die **Artikel**.

HEUTE IST DAS AUTORENNEN.

DIE RENNWAGEN STEHEN BEREIT.

DIE ZUSCHAUER WARTEN GESPANNT.

GLEICH IST DER START.

ES GEHT LOS, DAS RENNEN BEGINNT.

DER GELBE WAGEN IST GANZ WEIT VORN.

ABER DER ROTE WAGEN ÜBERHOLT IHN.

2 Schreibe den Text ab.

Heute ist das Autorennen.

Die Rennwagen stehen bereit.

Die Zuschauer warten gespannt.

Gleich ist der Start.

Es geht los, das Rennen beginnt.

Der gelbe Wagen ist

ganz weit vorn. Aber der

rote Wagen überholt ihn.

Name: Datum:

Satz und Satzschlusszeichen (I)

1 Lies den Text.

2 Schreibe den Text ab.
Am Satzanfang
musst du **großschreiben**.
Setze am Satzende
einen **Punkt**.

heute geht Miro ins Kino

Heute geht Miro ins Kino.

sein Freund Ben kommt mit

vor dem Kino ist viel los

endlich öffnet die Kasse

die Jungen kaufen Karten und gehen in den Kinosaal

dort suchen sie ihre Plätze

gleich beginnt der Film

Satz und Satzschlusszeichen (I)

1 Lies den Text.

2 Schreibe den Text ab.
Am Satzanfang
musst du **großschreiben**.
Setze am Satzende
einen **Punkt**.

heute geht Miro ins Kino

Heute geht Miro ins Kino.

sein Freund Ben kommt mit

Sein Freund Ben kommt mit.

vor dem Kino ist viel los

Vor dem Kino ist viel los.

endlich öffnet die Kasse

Endlich öffnet die Kasse.

die Jungen kaufen Karten und gehen in den Kinosaal

Die Jungen kaufen Karten und gehen in
den Kinosaal.

dort suchen sie ihre Plätze

Dort suchen sie ihre Plätze.

gleich beginnt der Film

Gleich beginnt der Film.

Name: Datum:

Satz und Satzschlusszeichen (II)

1 Bilde Sätze.
Schreibe am Satzanfang **groß**.
Setze am Satzende
einen **Punkt**.

Sami heute Fußball spielt

Heute

schießt ein Tor er

klatschen die Zuschauer springen auf und

das Spiel Samis Mannschaft gewinnt

ihn sein Trainer lobt

Sami freut sehr sich

Satz und Satzschlusszeichen (II)

1 Bilde Sätze.
Schreibe am Satzanfang **groß**.
Setze am Satzende
einen **Punkt**.

Sami heute Fußball spielt

Heute spielt Sami Fußball.

schießt ein Tor er

Er schießt ein Tor.

klatschen die Zuschauer springen auf und

Die Zuschauer springen auf und klatschen.

das Spiel Samis Mannschaft gewinnt

Samis Mannschaft gewinnt das Spiel.

ihn sein Trainer lobt

Sein Trainer lobt ihn.

Sami freut sehr sich

Sami freut sich sehr.

Name: Datum:

Satz und Satzschlusszeichen (III)

1 Lies den Text. Schreibe ihn dann ab.

LEA HAT GEBURTSTAG. WAS SIE WOHL
FÜR EIN GESCHENK BEKOMMT?
VOR IHR STEHT EIN RIESIGER KARTON.
WAS DA WOHL DRIN IST?

Lea hat

2 Lies den Text. Schreibe ihn dann ab.
Setze am Satzende einen **Punkt**
oder ein **Fragezeichen**.

WIE SOLL SIE DEN KARTON ALLEIN ÖFFNEN
MAMA HILFT IHR
IM KARTON IST EIN NEUES FAHRRAD

Wie soll

Satz und Satzschlusszeichen (III)

1 Lies den Text. Schreibe ihn dann ab.

LEA HAT GEBURTSTAG. WAS SIE WOHL
FÜR EIN GESCHENK BEKOMMT?
VOR IHR STEHT EIN RIESIGER KARTON.
WAS DA WOHL DRIN IST?

Lea hat Geburtstag. Was sie wohl für
ein Geschenk bekommt? Vor ihr steht ein
riesiger Karton. Was da wohl drin ist?

2 Lies den Text. Schreibe ihn dann ab.
Setze am Satzende einen **Punkt**
oder ein **Fragezeichen**.

WIE SOLL SIE DEN KARTON ALLEIN ÖFFNEN
MAMA HILFT IHR
IM KARTON IST EIN NEUES FAHRRAD

Wie soll sie den Karton allein öffnen?
Mama hilft ihr. Im Karton ist ein neues
Fahrrad.

Merkwörter mit chs

1 Setze die passenden Tiernamen ein.

Eidechse Dachs Fuchs Luchs

Der  ______ hat seinen Bau im Wald. Manchmal begegnet er auf seinen Streifzügen einem  ______. Einen  ______ kann man nur sehr selten beobachten. Auf einem Felsen sitzt eine  ______.

2 8 Wörter mit **chs** sind versteckt. Male sie an.

W	A	C	H	S	P	W	E	C	H	S	E	L	N
I	K	L	Z	Q	R	A	V	E	B	E	M	M	J
O	C	H	S	E	Y	C	T	W	N	C	A	C	Z
H	C	M	U	P	Ü	H	I	L	R	H	R	B	L
G	E	W	Ä	C	H	S	H	A	U	S	J	C	X
R	T	D	F	U	L	E	Z	C	E	V	Ö	B	R
M	N	I	O	Ä	P	N	L	H	S	S	B	N	M
B	Ü	C	H	S	E	W	Z	S	I	O	K	J	T

3 Schreibe die 8 Wörter mit **chs** auf. Male **chs** an.

Wachs,

Merkwörter mit chs

1 Setze die passenden Tiernamen ein.

~~Eidechse~~ ~~Dachs~~ ~~Fuchs~~ ~~Luchs~~

Der  Fuchs hat seinen Bau im Wald. Manchmal begegnet er auf seinen Streifzügen einem  Dachs. Einen  Luchs kann man nur sehr selten beobachten. Auf einem Felsen sitzt eine  Eidechse.

2 8 Wörter mit **chs** sind versteckt. Male sie an.

W	A	C	H	S	P	W	E	C	H	S	E	L	N
I	K	L	Z	Q	R	A	V	E	B	E	M	M	J
O	C	H	S	E	Y	C	T	W	N	C	A	C	Z
H	C	M	U	P	Ü	H	I	L	R	H	R	B	L
G	E	W	Ä	C	H	S	H	A	U	S	J	C	X
R	T	D	F	U	L	E	Z	C	E	V	Ö	B	R
M	N	I	O	Ä	P	N	L	H	S	S	B	N	M
B	Ü	C	H	S	E	W	Z	S	I	O	K	J	T

3 Schreibe die 8 Wörter mit **chs** auf. Male **chs** an.

Wachs, wechseln, wachsen,

Ochse, Gewächshaus,

sechs, Büchse, Lachs

Name: Datum:

Merkwörter mit V/v

1 Setze ein.

~~Vater~~ viele voll von vorlesen

Wenn mein Vater ______ ______ der Arbeit kommt, hat er manchmal ein neues Buch für mich dabei.

Ich lese gern, aber ich lasse mir auch gern ______. Meine Oma hat mir auch schon ______ Bücher geschenkt. Mein Regal ist zwar ______, aber ich freue mich immer über neue Bücher.

2 **ver-** oder **vor-** ?

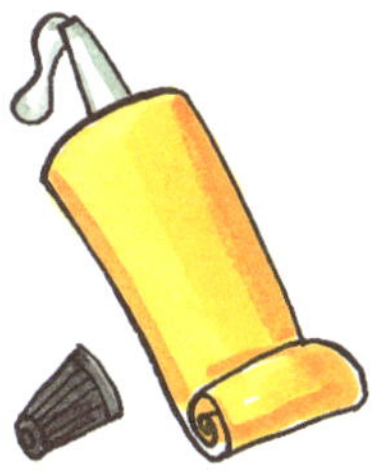

lesen	die Geschichte	vorlesen
kaufen	das Obst	
brauchen	den Klebstoff	
stehen	die Aufgabe	
tragen	das Gedicht	
schreiben	das Medikament	

Merkwörter mit V/v

1 Setze ein.

~~Vater~~ ~~viele~~ ~~voll~~ ~~von~~ ~~vorlesen~~

Wenn mein Vater von der Arbeit kommt, hat er manchmal ein neues Buch für mich dabei.

Ich lese gern, aber ich lasse mir auch gern vorlesen. Meine Oma hat mir auch schon viele Bücher geschenkt. Mein Regal ist zwar voll, aber ich freue mich immer über neue Bücher.

2 **ver-** oder **vor-** ?

lesen	die Geschichte	vorlesen
kaufen	das Obst	verkaufen
brauchen	den Klebstoff	verbrauchen
stehen	die Aufgabe	verstehen
tragen	das Gedicht	vortragen
schreiben	das Medikament	verschreiben

Name: Datum:

Merkwörter mit x

1 Lies den Text.
Male alle Wörter mit **x** an.

Die Hexe sucht im Lexikon für Zauberei ein Rezept.
Sie möchte einen Zaubertrank mixen.
Endlich findet sie den richtigen Text.
Sie braucht Spinnenbein
und maximal drei Tigerzähne,
dazu Mondkraut.
Sie mischt fix alle Zutaten.
Aber verflixt, es klappt nicht,
denn sie hat den Zauberspruch vergessen.

2 Schreibe die Wörter mit **x** in die Tabelle.

ax	ex	ix
	Hexe	

3 Ergänze die Wörter mit **x**.
Kontrolliere zuerst im Wörterbuch.

Merkwörter mit x

1 Lies den Text.
Male alle Wörter mit **x** an.

Die Hexe sucht im Lexikon für Zauberei ein Rezept.
Sie möchte einen Zaubertrank mixen.
Endlich findet sie den richtigen Text.
Sie braucht Spinnenbein
und maximal drei Tigerzähne,
dazu Mondkraut.
Sie mischt fix alle Zutaten.
Aber verflixt, es klappt nicht,
denn sie hat den Zauberspruch vergessen.

2 Schreibe die Wörter mit **x** in die Tabelle.

ax	ex	ix
maximal	Hexe	mixen
	Lexikon	fix
	Text	verflixt

3 Ergänze die Wörter mit **x**.
Kontrolliere zuerst im Wörterbuch.

 Taxi

 Boxer

 Mixer

 Axt

Name: Datum:

Merkwörter mit aa, ee oder oo

1 aa, ee oder oo?

Unter dem Schn

kann man schon das Gras sehen

und ab und zu auch etwas M s.

Der kleine S ist noch zugefroren.

Die B te liegen seit November im Schuppen.

Es ist immer noch kalt und die Kinder verstecken

ihre H re unter warmen Mützen.

2 Bilde Wörter. Male aa, ee oder oo in deinen Wörtern an.

 + Mann — der Schneemann

 + Bürste — die

Segel +  — das

 + Löwe — der

 + Löffel — der

Motor +  — das

 + Rose — die

 + Ball — der

Merkwörter mit aa, ee oder oo

1 aa, ee oder oo?

Unter dem Schn ee
kann man schon das Gras sehen
und ab und zu auch etwas M oo s.
Der kleine S ee ist noch zugefroren.
Die B oo te liegen seit November im Schuppen.
Es ist immer noch kalt und die Kinder verstecken
ihre H aa re unter warmen Mützen.

2 Bilde Wörter. Male aa, ee oder oo in deinen Wörtern an.

 + Mann — der Schneemann

 + Bürste — die Haarbürste

Segel +  — das Segelboot

 + Löwe — der Seelöwe

 + Löffel — der Teelöffel

Motor +  — das Motorboot

 + Rose — die Seerose

 + Ball — der Schneeball

Name: Datum:

Merkwörter mit h (I)

1 Immer drei Wörter gehören zusammen.
Male sie mit der gleichen Farbe an.

fahren	der Bahnhof	die Zahl
die Bahn	wegfahren	die Einzahl
bezahlen	die Autobahn	die Fahrt

2 Schreibe die Wörter geordnet auf. Male **ah** an.

fahren,

3 Ergänze **ah**, **äh**, **eh**, **oh** oder **uh**.

Jan muss zum B____nhof.

Er darf heute ____ne seine Eltern

nach Neustadt f____ren,

wo sein Opa w____nt.

Zuerst bez____lt Jan seine F____rkarte.

Dann schaut er auf seine Armband____r.

In z____n Minuten f____rt sein Zug.

Merkwörter mit h (I)

1 Immer drei Wörter gehören zusammen.
Male sie mit der gleichen Farbe an.

fahren	der Bahnhof	die Zahl
die Bahn	wegfahren	die Einzahl
bezahlen	die Autobahn	die Fahrt

2 Schreibe die Wörter geordnet auf. Male **ah** an.

fahren, wegfahren, die Fahrt

der Bahnhof, die Bahn, die Autobahn

die Zahl, die Einzahl, bezahlen

3 Ergänze **ah**, **äh**, **eh**, **oh** oder **uh**.

Jan muss zum B ah nhof.

Er darf heute oh ne seine Eltern

nach Neustadt f ah ren,

wo sein Opa w oh nt.

Zuerst bez ah lt Jan seine F ah rkarte.

Dann schaut er auf seine Armband uh r.

In z eh n Minuten f äh rt sein Zug.

Merkwörter mit h (II)

1 Lies den Text.
Male in den fett gedruckten Wörtern das **h** an.

Hanna und ihre Eltern machen Urlaub auf dem Land. Schon in aller **Frühe** hören sie den Gockel auf dem Mist **krähen**. Später **gehen** sie spazieren und **sehen Kühe** auf einer Weide. Die Kühe **stehen** am Zaun und **muhen**. Als Hanna und ihre Eltern sich **nähern**, **drehen** sie sich um und **fliehen**. Mama setzt sich ins **hohe** Gras und genießt die **Ruhe**. Papa und Hanna **ziehen** sich die **Schuhe** aus und laufen barfuß über die Wiese. Hanna ruft: „Mama, komm mal her, das musst du dir **ansehen**! Hier **blühen** ganz viele Glockenblumen!“

2 Schreibe die fett gedruckten Wörter auf.

Frühe,

Merkwörter mit h (II)

1 Lies den Text.
Male in den fett gedruckten Wörtern das **h** an.

Hanna und ihre Eltern machen Urlaub auf dem Land.
Schon in aller **Frühe** hören sie den Gockel auf dem Mist **krähen**. Später **gehen** sie spazieren und **sehen** **Kühe** auf einer Weide. Die Kühe **stehen** am Zaun und **muhen**. Als Hanna und ihre Eltern sich **nähern**, **drehen** sie sich um und **fliehen**. Mama setzt sich ins **hohe** Gras und genießt die **Ruhe**. Papa und Hanna **ziehen** sich die **Schuhe** aus und laufen barfuß über die Wiese.
Hanna ruft: „Mama, komm mal her, das musst du dir **ansehen**! Hier **blühen** ganz viele Glockenblumen!“

2 Schreibe die fett gedruckten Wörter auf.

Frühe, krähen, gehen,
sehen, Kühe, stehen,
muhen, nähern, drehen,
fliehen, hohe, Ruhe,
Schuhe, ansehen, blühen

Merkwörter mit langem I/i

1 Ordne die Wörter zu.

der Tiger der Biber der Igel

2 Ordne nach dem ABC.
Male alle I / i rot an.

Tiger Kino prima Musik ~~Apfelsine~~ wir
Vampir Fabrik lila Zitrone Igel Gardine
Biber Sirene Dino Rosine

Apfelsine

B

D

F

Z

Merkwörter mit langem I/i

1 Ordne die Wörter zu.

~~der Tiger~~ ~~der Biber~~ ~~der Igel~~

der Biber | der Igel | der Tiger

2 Ordne nach dem ABC.
Male alle I / i rot an.

~~Tiger~~ ~~Kino~~ ~~prima~~ ~~Musik~~ ~~Apfelsine~~ ~~wir~~
~~Vampir~~ ~~Fabrik~~ ~~lila~~ ~~Zitrone~~ ~~Igel~~ ~~Gardine~~
~~Biber~~ ~~Sirene~~ ~~Dino~~ ~~Rosine~~

Apfelsine
Biber
Dino
Fabrik
Gardine
Igel
Kino
lila
Musik
prima
Rosine
Sirene
Tiger
Vampir
wir
Zitrone